Christopher G. Hamilton

Golf im Zeichen des ZEN

ZEN-Golfgeschichten

Inspirationen für das Golfspiel
und das Spiel des Lebens

allesimfluss_verlag

allesimfluss-Verlag und Shop AG,
www.allesimfluss-verlag.de / kontakt@allesimfluss-verlag.de

2. Auflage April 2021

Autor: Christopher G. Hamilton
Projektleitung: Frank Pyko
Umschlag und Layout: Petty Heisler
Satz: Satzbüro B. Herrmann
Korrektur: TextBüro Meßmer
Fotos: Iris Hamilton
Druck: Stückle Druck und Verlag, 77955 Ettenheim
Bindung: Josef Spinner Großbuchbinderei GmbH, Ottersweier

Bildnachweis:
Titelbild von Susan Leitch ©, Fotolia 6980601
Golfball von pixelrobot ©, Fotolia 54343014

ISBN 978-3-9809167-7-6

Vorwort

In diesem Buch habe ich alte, überlieferte ZENgleichnisse und -philosophien in die heutige Zeit »übersetzt«, um sie für unser modernes, westliches Denken etwas verständlicher zu machen. Die Geschichten sind einfach und schnörkellos, aber zugleich tiefsinnig, auch wenn manche auf den ersten Blick banal wirken mögen – das ist ZEN!

Ich beschäftige mich seit Langem mit dem mentalen Aspekt im Sport und habe viel Literatur über dieses Thema durchforstet. Angefangen von Standardwerken der Sportpsychologie bis hin zu Klassikern wie »Golf und Psyche« von Michael Murphy oder »INNER GAME GOLF« von W. Timothy Gallwey. Mein Studium hat mich zu diesem Buch inspiriert. Ich sehe es als passende Ergänzung zu klassischen Lehrmethoden, die oft an ihre Grenzen stoßen. Es eröffnet eine andere Perspektive auf das Spiel, hält sich mit Instruktionen zurück und schickt Sie auf eine spirituelle Reise.

Das Buch ist nicht als Bedienungsanleitung gedacht, trotz all der Hinweise, die Ihnen bei Ihrem Golfspiel helfen werden. Es soll vielmehr eine Inspiration sein, Verantwortung für Ihre eigene Entwicklung in beiden Bereichen zu übernehmen, beim Golfspiel und in Ihrem Leben.

Inhaltsverzeichnis

Einführung

»Laufe mit, was auch immer geschieht, und halte deinen Geist frei.
Bleibe zentriert und akzeptiere, was auch immer du tust. Das ist das Nonplusultra.«
Chuang Tzu

Golf ist ein komplexes und Respekt einflößendes Spiel. Es erfordert im höchsten Maße koordinierte, kontrollierte und fein abgestimmte Kombinationen von Schlägen, um einen kleinen Ball in einem Loch auf einer Fläche aus Gras zu platzieren. Manchmal ist dieser Weg einige hundert Meter lang, umgeben von Hindernissen, die dazu bestimmt sind, das Vorwärtskommen dieses Balls zu erschweren.

Der eigentliche Inhalt des Spiels ist es, den Golfball mit einer minimalen Anzahl von Schlägen von einem Punkt zum anderen zu bringen. Das Spielergebnis summiert sich aus der Anzahl der benötigten Schläge pro Loch. Dabei ist jeder Schlag einmalig und nicht wiederholbar. Nehmen Sie all diese Faktoren zusammen und Sie haben die Grundlage für Anspannung, Angst und Enttäuschung.

In keinem anderen Sport ist ein klarer, ruhiger, konzentrierter und entspannter Geist so überaus wichtig wie beim Golf. Wir alle kennen das Gefühl: Wenn die Dinge bei unseren Übungen auf den Abschlagsplätzen – der »Driving Range« – gut gehen, ist unser Geist ruhig. Wir schlagen den Ball gut, weil wir entspannt sind und unsere Schläge keine Konsequenzen haben. In jener Minute, in der wir den Golfplatz betreten, »um etwas zu spielen«, ändert sich das alles plötzlich. Wieso? Es liegt nicht daran, dass wir die Technik nicht mehr beherrschen. Es geschieht, weil uns unser Geist im Weg steht.

Golf unbeirrbar und effektiv zu spielen ist so, als würden wir dem Weg der Einfachheit folgen. Einige der besten sportlichen Leistungen werden vollbracht, wenn sie extrem einfach gehalten sind. Schlichte Techniken, simple Systeme und leichte Routinen.

Das Problem bei Komplexität ist: Sie verursacht Unsicherheit und Zögern durch Verwirrung und Zweifel. Wenn wir eine weniger komplizierte Einstellung beim Spiel benutzen, indem wir zu einem natürlichen Lernprozess zurückkehren, werden die Dinge klarer und dadurch leichter.

Was ist ein natürlicher Prozess?

Als Kinder erlernten wir komplizierte Fertigkeiten nicht durch Analyse und Selbstkritik, sondern durch Ausprobieren auf eine Weise, die nichts bewertete. Das ist natürliches Lernen. Entdecken durch Erfahrungen ohne Furcht.

Generell neigen wir dazu, Dinge zu überdenken. Doch durch ein erhöhtes Bewusstsein darüber, was geschieht, lernt der Körper am leichtesten, das Richtige zu tun.

Warum sollen wir unseren Gefühlen vertrauen?

Ein gedankliches Konzept kann Ihnen die richtige Richtung zeigen. Doch das gute Gefühl, das Sie aus einer Erfahrung bekommen, ist für einen effektiven Lernprozess entscheidend.

Wie können wir uns selbst vertrauen?

Erkenntnis plus Erfahrung ist gleich Vertrauen. Dies ist die wichtigste Zutat, die wir für Vertrauen in all unsere Handlungen brauchen. Indem wir auf unsere Gefühle vertrauen, entwickeln wir allmählich Selbstvertrauen.

Was ist Vertrauen?

Vertrauen entsteht, wenn wir lernen, uns selbst zu vertrauen. Wenn wir uns weniger von Fremdbestimmung abhängig machen. Wenn wir verstehen, dass Bewusstheit verbessertes Lernen und verbesserte Leistung mit sich bringt. Wenn wir uns von anderen inspirieren lassen können, ohne Drang, sie kopieren oder nachahmen zu müssen. Natürliches Vertrauen bedeutet auch Vertrauen in »Mutter Natur«.

Was ist Bewusstheit?

Bewusstheit bedeutet, etwas direkt frisch und neu zu erfahren, in diesem Augenblick. Denken ist, über vergangene Geschehnisse zu resümieren. Im gleichen Maß, in dem das Denken zunimmt, sinkt die Bewusstheit.

Was bedeutet, bewusst zu sein?

Es ist wichtiger zu wissen, wo sie sind, als zu wissen, wo Sie sein sollten. Zu wissen, was Sie tun, statt was Sie tun sollten, ist bewusst zu sein. Lassen Sie sich von Ihren Interessen und Ihrer Intuition beeinflussen. Indem Sie zulassen, dass Erfahrungen Ihr Ratgeber sind, erlauben Sie Ihrem Körper, durch Handeln, anstatt durch Nachdenken, über die Handlung zu lernen.

Wie lernen wir am besten?

Eine der effektivsten Lernmethoden ist Inspiration. Wenn ein Golflehrer Ihnen nützliche Anweisungen dazu gibt, wie Sie einen bestimmten Schlag am besten ausführen, dann ist das Verständnis für diesen Schlag das Ihres Lehrers. Es ist seine Erfahrung. Wenn Sie allerdings erleben, was er Ihnen zeigte, wird das Ihr Gefühl verbessern, was sich positiv auf Ihren Lernprozess auswirken wird. Doch leider ist es oft so, dass, sobald der Lehrer geht, auch die guten Tipps und Anweisungen mit ihm gegangen sind. Der Grund dafür ist, dass der Lehrer das Verstandene mitnahm. Es ist ein ergänzender Lernprozess nötig, der auch von innen nach außen wirkt. Der Kreislauf des Lernens muss vollendet werden, wenn eine dauerhafte Veränderung eintreten soll. Das können Sie nur durch Ihr eigenes Verständnis erfahren, statt nur durch das Verständnis des Lehrers.

Der Kreis des Lernens ist vollständig, wenn das, was Sie lernten, durch pure Erfahrung in einer nicht bewertenden Form ergänzt wird. Dadurch erhält Ihr Lehrer kostbares Feedback über die Qualität der Kommunikation während des Lernprozesses. Dieses Feedback ist notwendig, hilft es doch dabei, die Situation zu vermeiden, in der Sie Informationen über Informationen erhalten, bis Sie nichts mehr aufnehmen können und der Lernprozess so ins Stocken gerät. In diesem Fall siegen Angst und Enttäuschung. Einen vollständigen Lernprozess kann man mit einer vollständigen Atmung vergleichen. Sie atmen ein, doch der Atemzug ist nicht vollständig, bevor Sie auch wieder ausgeatmet haben.

Dort draußen zwischen dem, was war, was geschieht und was vor uns liegt, ist ein Spiel, das zu jedem von uns gehört. Es ist unser tägliches Spiel vom ersten Tag an. Wir können es nicht erlernen oder es beigebracht bekommen. Wir müssen es leben und ihm erlauben zu wachsen. Wie ein Baum, der in einem Wald groß und stark wächst mit seiner natürlichen Fähigkeit, all die Jahreszeiten mit Schnee, Wind, Regen und Sonne unbeeinflusst auszuhalten.

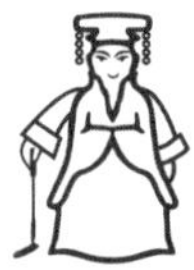

Tao (bedeutet: der Weg)

Tao, der Lehrer und ZEN-Meister, wird Sie durch dieses Buch begleiten, er sagt: »Golf ist ein Spiel, das man nicht gewinnen, sondern nur spielen kann.«

Tao und seine ZEN-Einstellung zum Leben

Tao ist weniger ein Lehrer als vielmehr einer, der Inspiration weitergibt. Gewöhnlich sagte er zu seinen Schülern, wenn er fühlte, dass sie zu sehr von ihm für eine Antwort oder eine Lösung ihrer Probleme abhängig waren: »Sucht danach mit eurem Körper. Sucht danach mit euren Sinnen. Ihr müsst nicht darüber nachdenken, stattdessen fühlt es, denn der Körper ist viel schlauer, als es der Kopf jemals sein wird. Ich bin nicht hier, um euch irgendwo hinzubringen, ich kann euch nur helfen, den Weg zu finden.«

Tao ist unkonventionell, er verwendet ungewöhnliche Methoden und Geschichten, um seine Studenten zum Ausprobieren zu inspirieren, ihre eigenen Antworten zu finden und für ihre eigene Entwicklung selbst verantwortlich zu sein. Er lehrt seine Schüler, nicht blindlings etwas zu glauben, nur weil irgendjemand etwas behauptet. Er sagt: »Wenn du es sehen kannst und wenn du es fühlen kannst, nur dann glaube es, denn dann wird es kein Glaube bleiben, sondern dir vertraut werden. Das ist der Unterschied zwischen Vertrauen und Glauben: Vertrauen entsteht durch Erfahrung; Glauben ist nur eine vorgefasste Meinung ohne eine Erfahrung, die sie unterstützt.«

Tao setzt sich nie Dingen entgegen, indem er sie herausfordert, stattdessen bewegt er sich in die entgegengesetzte Richtung, ohne jemals auf eine direkte Opposition zu stoßen. Er nennt das das Prinzip, Dinge zu kontrollieren, indem er zusammen mit ihnen geht, mit ihnen im Fluss ist. Es ist der Widerstand gegen das, was ist, was Probleme verursacht. Was ist, kann nicht geändert werden, und Freiheit liegt in der Akzeptanz dessen, was ist.

Tao verwendet die richtige Zeitspanne, Energie und das Material, das erforderlich ist, ein Ergebnis zu erreichen, nicht mehr und nicht weniger. Er ist stark, weil er geduldig ist und sich nicht zu Gefühlsausbrüchen hinreißen lässt, für die manch eine Situation Anlass bieten könnte. Stattdessen hält er lange genug inne, um eine klare, emotionsfreie Antwort und die beste Option zu finden.

Für Tao ist es egal, was andere denken, es beeinflusst ihn nicht. Er lässt die Dinge passieren, denn er ist im Frieden mit sich, weiß, wer er ist und dass er die Welt nicht ändern kann.

Tao akzeptiert die Wärme und Heiterkeit im Leben, indem er das Negative an sich vorbeiziehen lässt, ohne davon beeinflusst zu werden. Er ist eins mit allen Eventualitäten, hat sich von alten Verhaftungen befreit und vertraut seinem Unterbewusstsein als Unterstützung in seinem Prozess.

Tao versteht, dass das Jetzt alles ist, was existiert, Jetzt ist außerhalb der Zeit. Er hat einen freien Geist entwickelt, der mit dem Leben fließt, und nimmt den natürlichen Pfad, »den Pfad des Wasserlaufs«. Er hat sich von der Vergangenheit gelöst und ist für die Zukunft nicht verantwortlich, weil er im Jetzt lebt.

Tao sagt, dass es nichts zu suchen und nichts zu finden gibt, weil man schon alles in sich hat, was man braucht, und er ist sich sicher, dass wir durch Bewusstheit unser wahres, inneres Ich erkennen.

In der Lehre des ZEN gibt es immer einen Meister und einen Anfänger.

Der Meister ist der Lehrer, der eine, der immer versteht.

Der Anfänger ist der Schüler, der eine, der auf dem Weg zum Verständnis ist.

Liste der Geschichten

1

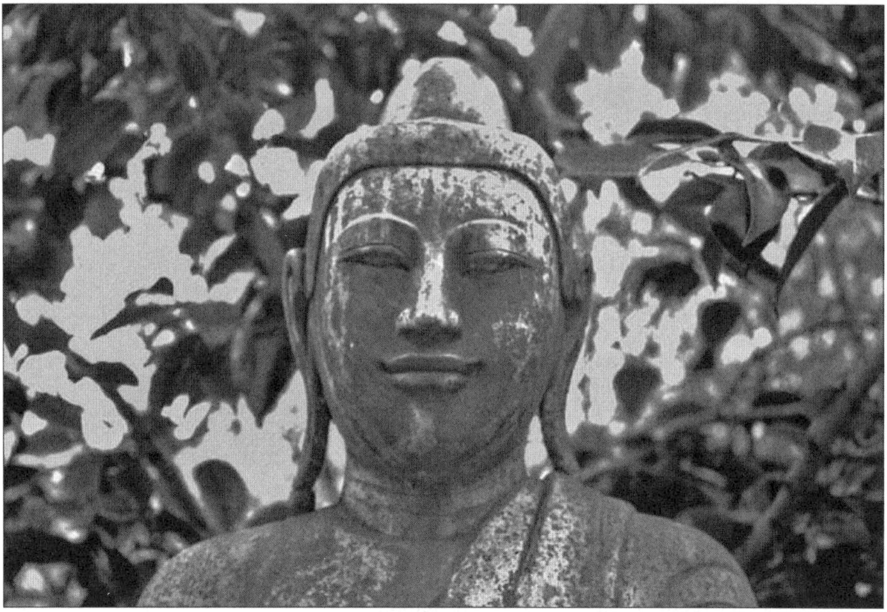

»Um ZEN zu begreifen, müssen Sie es erleben ... Sie sollten sich innerlich zurücknehmen und den Boden suchen, auf dem Sie stehen; auf diese Weise werden Sie die Wahrheit herausfinden.«
Dogen-ZENji

Ein Wimpernschlag

Ein begabter junger Golfspieler glaubte, der einzige Weg, im Wettkampf erfolgreich zu sein, seien Stärke, Dominanz und das Besiegen aller anderen Golfspieler. Tao wusste, dass diese Einstellung des jungen Mannes nicht dazu beitragen konnte, innere Stärke zu entwickeln. Also rief er ihn zu sich ins Büro und erzählte ihm folgende Geschichte:

»Vor vielen Jahren beschloss die Regierung Japans, die Ausübung des ZEN zu verbieten. Sie sagten, diese Lehre sei eine Gefahr für den Staat. Also sandten sie Soldaten ins Land hinaus, um die ZEN-Tempel und alle Orte zu zerstören, an denen ZEN gelehrt wurde. In einem dieser Tempel, den die Armee stürmte, fanden die Soldaten Suzuki, den ZEN-Meister, in Zazen (einer Meditationsstellung) sitzend. Der General, ein sehr stolzer Samurai, stand über dem Mann mit seinem Schwert, bereit, ihn niederzustrecken. Doch bevor er einen tödlichen Schlag ausführen konnte, öffnete Suzuki seine Augen und lächelte. Der General hielt in seinem Handeln inne, denn noch nie hatte er eine solch starke Ruhe und friedliche Energie gefühlt wie jene, die diesen Mann umgab.

Er sprach zum Meister: »Weißt du, wer vor dir steht? Ich bin der Mann, der dir den Kopf abschlagen und dich töten kann, ohne mit der Wimper zu zucken.«

Suzuki erhob sich und schaute dem Krieger tief in die Augen.

Dann sagte er: »Weißt du, wer vor dir steht? Ich bin der Mann, der seinen Kopf verlieren und getötet werden kann, ohne mit der Wimper zu zucken.«

In diesem Augenblick ließ der mutige Samuraikrieger sein Schwert fallen, beugte sein Haupt in Ehrfurcht und wurde selbst ein Anhänger des ZEN.

Im Golf genau wie im Leben zählt nicht, was geschieht,
sondern wie du mit dem Geschehenen umgehst.

2

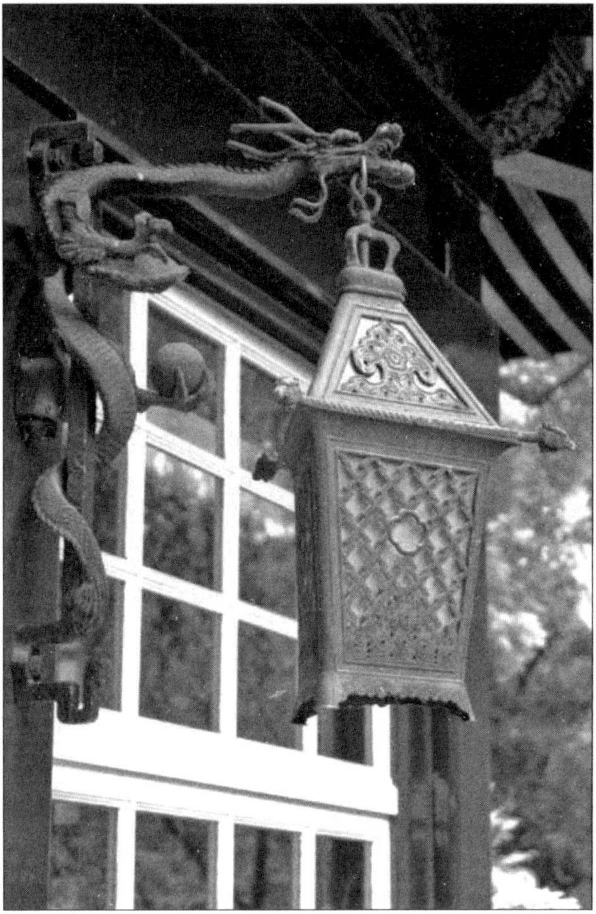

»Menschen scheitern durch ihre Handhabung
einer Angelegenheit oft, in ihrem Bestreben erfolgreich zu sein.
Wenn jemand am Ende ebenso sorgsam bleibt,
wie er es zu Beginn war, dann gibt es keinen Misserfolg.«
Lao Tzu

Eins nach dem anderen

Tao war manchmal sehr streng. Immer betonte er, Qualität ginge vor Quantität. Er bestand darauf, dass die Anfänger Tag für Tag, Monat für Monat den gleichen Schlag von der gleichen Position aus übten, ohne dass er ihnen die Erlaubnis erteilte, mit etwas anderem fortzufahren.

Schließlich war einer der jungen Männer so genervt, dass er fortging, um eine andere Golfschule zu finden. Einige Tage, nachdem er zu einem nahe gelegenen Golfclub gewechselt war, erfuhr er, dass es einen Wettkampf auf der Driving Range geben würde. Einfach aus Spaß und weil er nichts anderes zu tun hatte, trug er sich für den Wettbewerb ein. Natürlich führte er diesen einen Schlag aus, den er so gut kannte, und zu seiner Überraschung gewann er den Wettkampf. Hinterher zeigte sich der Sponsor der Veranstaltung sehr beeindruckt und lobte seine Leistung in den höchsten Tönen. Obwohl der junge Mann verlegen widersprach, weigerte sich der Sponsor zu glauben, dass dieser ein Anfänger war.

»Sag mir«, fragte der Sponsor, »wer ist dein Ausbilder? Er muss ein großartiger Lehrer sein!« Der junge Mann begriff plötzlich den Sinn von Taos Lehrmethode, kehrte zu ihm zurück und lernte unter seiner Anleitung noch ein paar weitere Jahre.

Qualität ist ebenso wichtig wie Quantität. Versuche nicht, alles gleichzeitig gut zu machen, sei es der Abschlag, das Putten oder Chippen. Es ist besser, eine Aufgabe aufs Vollkommenste zu perfektionieren, bevor du zur nächsten übergehst.

3

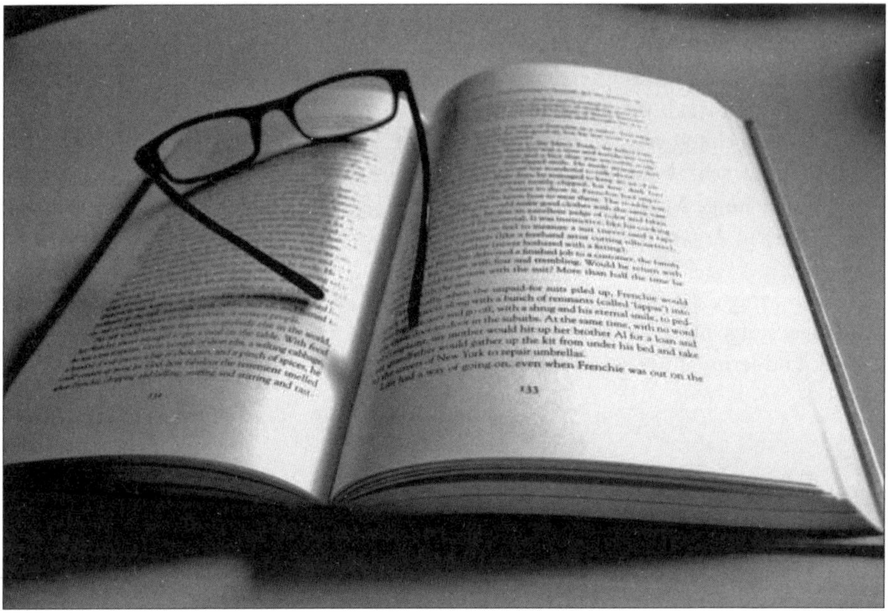

»Ein fest verschlossenes Buch ist nur ein Stapel von Papier.«
Chinesisches Sprichwort

Der natürliche Lernprozess

Nach vielen Wochen des Trainings kam ein verzweifelter Golfer zu Tao, um ihn nach Rat zu fragen: »Ich fühle mich verloren. Ich weiß nicht, wie ich meinen Schläger noch schwingen soll. Bitte, kannst du mir zeigen, was ich tun soll?«

Der Meister schaute nur kurz zu ihm und ging ohne Reaktion weiter. Der Junge war von Taos Verhalten sehr überrascht und wusste nicht so recht, wie er nun reagieren sollte. Er wiederholte seine Frage noch einmal, doch Tao gab ihm auch dieses Mal keine Antwort. Schließlich gab er auf und als er gerade wieder gehen wollte, rief der Meister ihm zu: »Ich denke, du hast verstanden, was du nun zu tun hast!«

Es kommt eine Zeit, in der du dich von Anweisungen unabhängig machen solltest. Beginne damit, durch deine eigenen Erfahrungen zu lernen, und verbringe allein Zeit auf der Driving Range oder auf dem Putting-Green. Arbeite an deiner Technik, ohne deinen Fokus auf eine Korrektur zu legen, stattdessen übe einfach mit der Absicht zu lernen und nicht, um etwas zu erreichen. So wird sich eine Leistungsverbesserung leichter und störungsfreier einstellen.

4

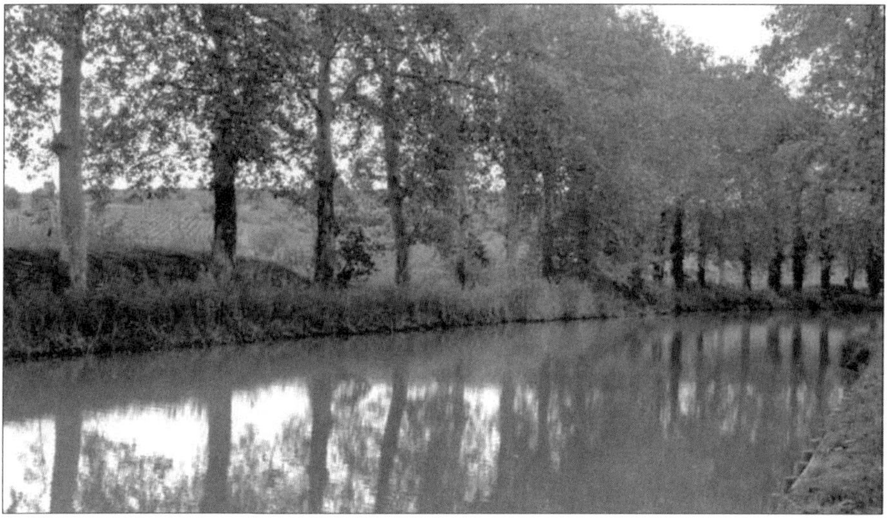

»Ich kenne die Freude der Fische im Fluss durch meine eigene Freude, als ich am gleichen Fluss entlangging.«
Chuang Tzu

Den Preis bezahlen

Tao unterrichtete in einer Gruppe gerade die Kunst des Puttens, als ihn einer seiner Schüler, ein wirklicher Träumer, unterbrach: »Ich möchte einmal ein großer Golfspieler werden.«
»Wieso?«, entgegnete der Lehrer.

Der Schüler dachte einen Augenblick lang nach: »Weil es das ist, was ich mir schon immer wünschte, seit ich ein Kind war!«

Plötzlich streckte Tao seine Hand aus, packte ihn am Schlafittchen, schleppte ihn zu einem der Wasserhindernisse und tauchte seinen Kopf darin ein. Nachdem er ihn eine kurze Zeit so hielt, während der junge Mann kämpfte und um sich trat, um freizukommen, zog er ihn wieder heraus und fragte: »Was wolltest du am allermeisten, als dein Kopf unter Wasser war?«

»Luft«, antwortete der junge Mann.

»Sehr gut«, sprach der Lehrer. »Nun kennst du den Preis, den man zahlen muss, um ein großer Spieler zu werden. Geh und komme zu mir zurück, wenn du ebenso sehr ein großer Spieler sein möchtest, wie du eben Luft wolltest.«

Um ein guter Golfspieler zu sein, bezahlt man einen Preis. Das solltest du verstanden haben, bevor du dich auf die Reise machst. Nimm dir Zeit, um zu bestimmen, was du vom Spiel erwartest und ob es wirklich das ist, was du brauchst.

5

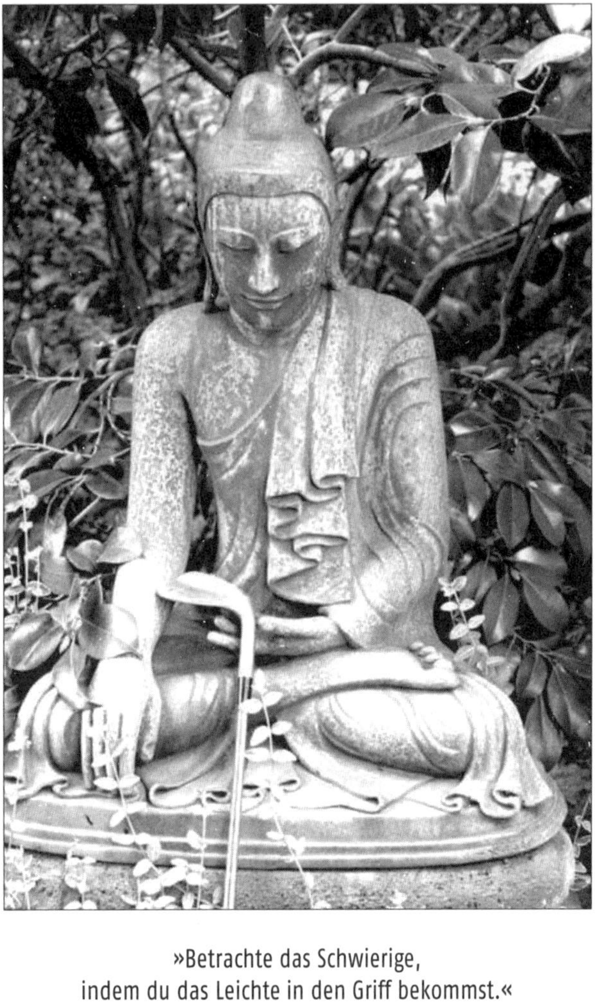

»Betrachte das Schwierige,
indem du das Leichte in den Griff bekommst.«
Lao Tzu

Halte es einfach

Ein Schüler fragte einmal Tao: »Sir, was ist die Kunst des Golfspielens?«
Der Lehrer entgegnete ihm: »Wenn du beginnst, schlage ab, wenn du einlochst, bist du fertig.«

ZEN lehrt: Der einfache Weg ist leicht, denn leicht zu sein macht ihn einfach. Halte deine Übungen einfach, indem du dich auf nur eine Sache gleichzeitig konZENtrierst.

6

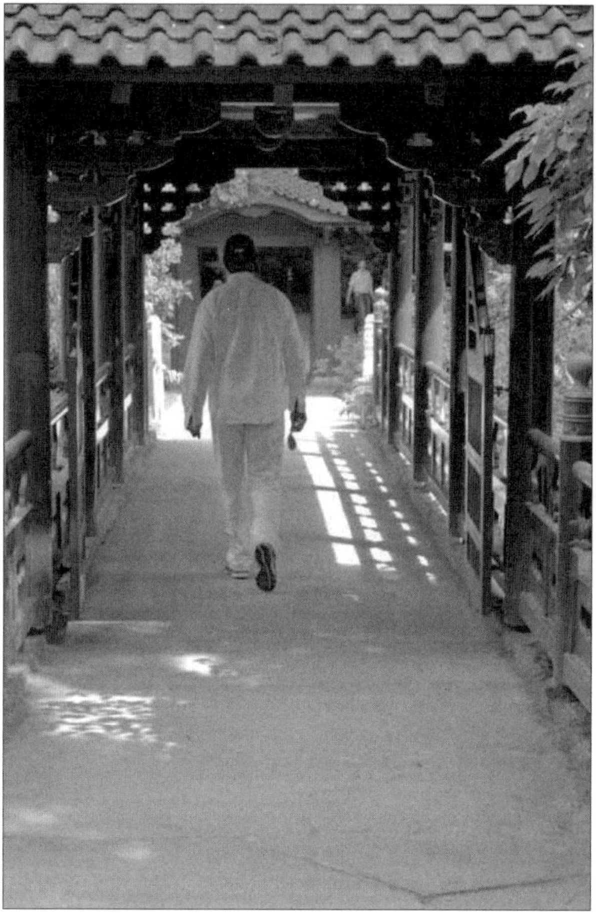

»Alles wird am Ende gut sein.
Ist es nicht gut, dann ist dies nicht das Ende.«
Unbekannter Autor

Der natürliche Rhythmus der Dinge

Ein Golfspieler kam zu Meister Tao und sprach: »Meister, mein Spiel ist fürchterlich! Ich fühle mich so abgelenkt, ich bin angespannt und ständig durcheinander. Es ist einfach schrecklich!«

»Das wird vorübergehen«, erwiderte der Lehrer.

Eine Woche später kam der Golfer wieder zu seinem Lehrer und frohlockte: »Mein Spiel ist großartig! Ich schlage den Ball so gut, ich fühle mich so stark, so gelassen und so lebendig! Es ist einfach wundervoll!«

»Das wird vorübergehen«, erklärte Tao.

Alles geschieht auf seine Weise, ob es dir gefällt oder nicht. Also akzeptiere es am besten, einfach wie es ist, und schaffe dir dadurch die nötige Zeit, den nötigen Raum und die nötige Gelassenheit für die Lösung.

7

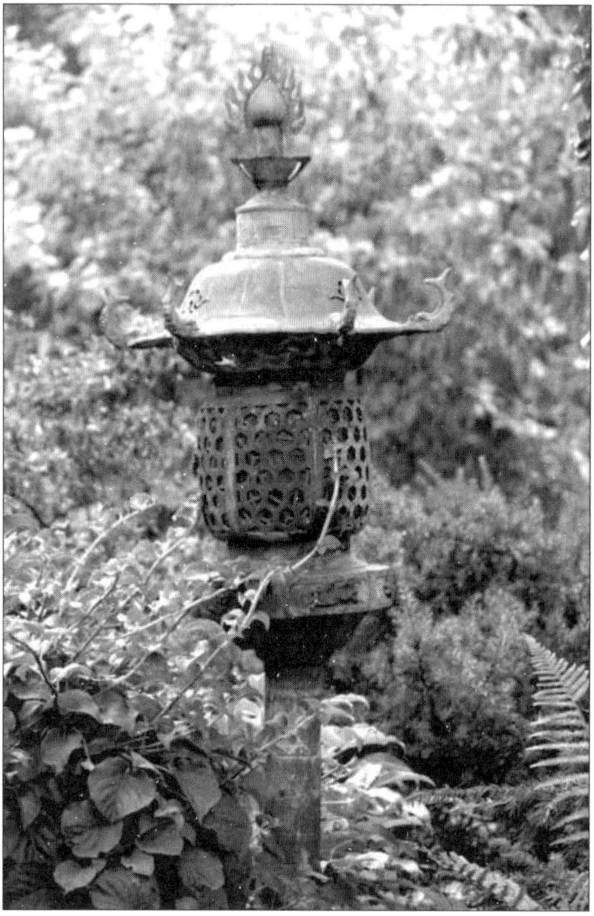

»Verweile nicht in der Vergangenheit;
träume nicht von der Zukunft,
stattdessen verliere dich im gegenwärtigen Augenblick.«
Unbekannter Autor

Prozess, nicht Produkt

Eine junge, sehr talentierte Golfspielerin kam nach Monaten des Trainings zu Tao und erklärte: »Tao, ich habe beschlossen, eine große, erfolgreiche Profi-Golferin zu werden. Was meinst du, wie lange wird es dauern, bis ich so weit bin?«

Der Lehrer überlegte nicht lange und sagte: »Zehn Jahre.«

Ungeduldig antwortete sie: »Nein, das kann nicht sein, ich will dieses Ziel wesentlich schneller erreichen. Ich werde sehr hart trainieren und täglich zehn oder mehr Stunden üben, wenn das nötig ist. Was meinst du, wie lange wird es dann dauern?«

Tao dachte einen Augenblick lang nach und sagte dann: »Zwanzig Jahre.«

»Ich verstehe nicht, wenn ich sage, dass ich härter am Erreichen meines Zieles arbeite, dann sagst du, dass es noch länger dauern wird? Das ergibt keinen Sinn!«

»Wenn du ein Auge auf dein Ziel richtest, dann bleibt dir nur ein Auge, um den Weg dorthin zu finden«, erwiderte der Meister gelassen und ging seines Wegs.

Wenn einer zu viel denkt, dann nennt man das im ZEN »zu viele Köpfe haben«. Nutze deine Energie gut und verschwende nicht zu viel Zeit und Mühe damit, über die Ergebnisse nachzudenken. Verliere dich im Augenblick, statt in der Bewertung von Ergebnissen.

8

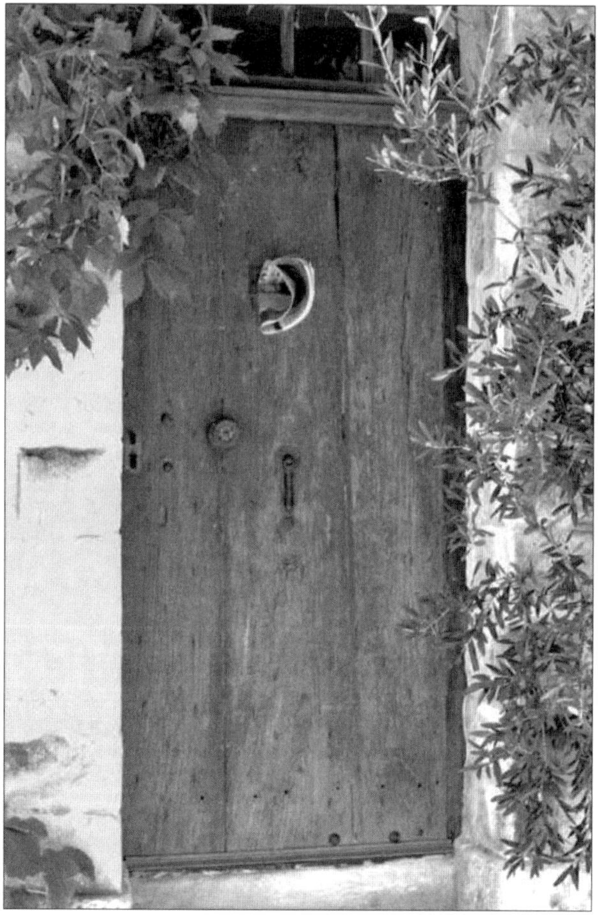

»Goldstaub ist kostbar. Doch gerät er in
deine Augen, dann kannst du nichts mehr sehen.«
Unbekannter Autor

Der beste Weg ist nicht immer auch der richtige

Ein Sportprofessor hatte schon viel über Tao gehört und beschloss eines Tages, ihn zu besuchen. Anfänglich verbrachte er die Zeit damit, allem zu lauschen, was Tao zu sagen hatte. Er fand viele Widersprüche und Ungenauigkeiten in der Arbeit des Lehrers, die er sich notierte, um sie ihm einen nach dem anderen zu unterbreiten. Tao wartete höflich, bis der Professor zum Ende kam, dann erwiderte er: »Ihr Standpunkt erinnert mich an eine Geschichte, die ich hörte, und die ging so:

Ein einfacher Schneider wollte Pferdewetten abschließen. Eines Tages setzte er all sein Geld auf ein Pferd namens Picasso. Er gewann ein Vermögen, weil es bei niemandem sonst als Favorit für den Sieg galt. ›Wie hast du das gemacht? Hast du ein System?‹, fragte ihn ein neugieriger Kunde am nächsten Tag. ›Es war ganz einfach‹, antwortete der Schneider, ›ich habe schon immer auf Musiker gewettet, als ich dann sah, dass ein Pferd namens Picasso am Start war, setzte ich natürlich auf dieses.‹ ›Moment mal, du irrst dich‹, unterbrach der Kunde, ›Picasso war ein Maler, kein Musiker!‹ Der Schneider dachte einen Augenblick lang nach: ›Wie auch immer‹, sagte er, ›du kennst dich in der Kunst aus und ich habe meinen Gewinn.‹«

Zuweilen sind wir so darauf fixiert, alles richtig zu machen, dass wir die guten Dinge nicht sehen, die geschehen sind. ZEN lehrt: Freue dich am Prozess und akzeptiere die Ergebnisse, nicht mehr und nicht weniger!

9

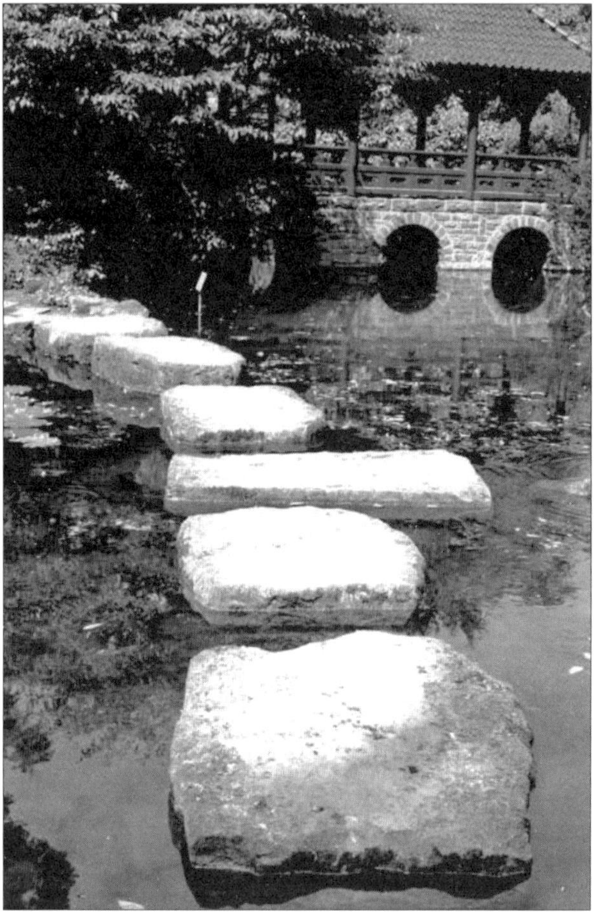

»Folge nicht den Ideen anderer.
Stattdessen lerne, deiner inneren Stimme zuzuhören.
Dein Körper und Geist werden klar,
und du wirst die Einheit aller Dinge erkennen.«
Dogen

Vertraue auf deinen Körper

Ein Hobby-Golfspieler schlug einige Bälle auf der Driving Range, und nicht weit entfernt übte ein Profi seinen Abschlag. Fasziniert schaute er dem Profi eine Weile zu und sagte dann: »Entschuldigen Sie bitte, darf ich Sie etwas fragen?«

»Ja, natürlich«, erwiderte dieser, seine Übung anhaltend.

»Ich bin beeindruckt davon, wie Sie den Ball so konstant kontrollieren können. Verraten Sie mir, wie Sie das schaffen?«

Der Profi hielt einen Augenblick lang inne: »Wissen Sie, darüber habe ich noch niemals wirklich nachgedacht«, sagte er, »aber ich werde es Ihnen vorführen.«

Er begann zu schwingen, dachte darüber nach, welcher Teil dem nächsten folgen sollte, aber sofort verlor er sein Timing und hatte große Schwierigkeiten, einen einzigen Ball gut zu schlagen. Verärgert fuhr er sein Gegenüber an: »Sie sind gefährlich, fragen Sie mich so etwas nie wieder!«

Der Versuch, etwas zu tun, dessen Ablauf dein Körper schon kennt, verursacht Störungen. Tue es, bewerte nicht das Ergebnis und gestatte deinem Körper, aus der Erfahrung zu lernen.

10

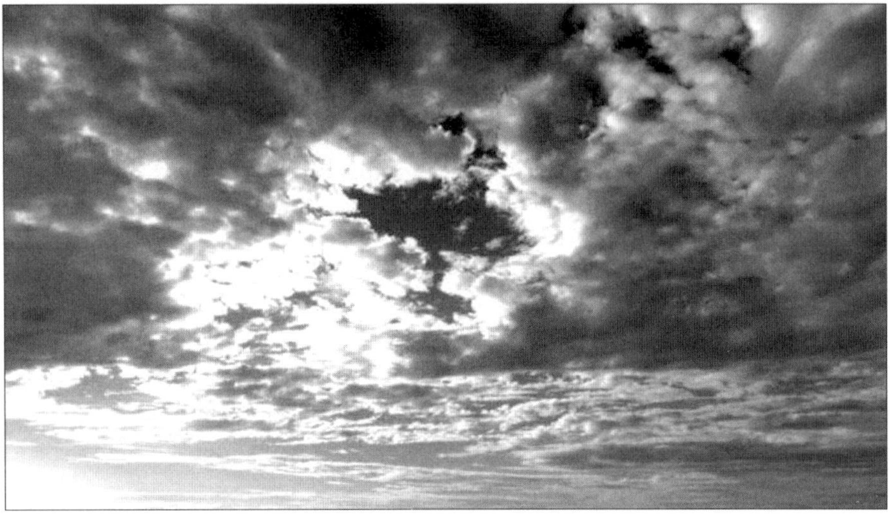

»Unsere Gedanken prägen uns; wir sind, was wir denken.
Wenn unsere Gedanken klar sind, folgt uns Freude wie ein Schatten,
der uns niemals verlässt.«
Unbekannter Autor

Was uns unser Denken kostet

Kyousei Nami (was »Große Woge« bedeutet) war ein sehr talentierter Golfspieler, sehr groß und stark, doch er hatte ein Problem. Wann immer er nur zum Spaß eine Runde Golf mit seinen Freunden oder mit seinem Lehrer spielte, war seine Leistung exzellent. Doch im Wettkampf überkamen ihn immer so große Zweifel, dass selbst weniger erfahrene Spieler besser abschnitten als er. Kyousei Nami beschloss, bei Tao Rat zu suchen.

»Große Woge ist dein Name«, bemerkte Tao, »gehe zurück, setze dich und schaue über den Golfplatz. Stelle dir vor, du wärst diese große Welle. Stelle dir vor, du wärst nicht länger ängstlich, sondern diese hohe Woge, die alles vor dir überschwemmt.«

Kyousei Nami ging, setzte sich und schaute über den Golfplatz. Er versuchte, sich selbst als diese Welle vorzustellen. Er dachte an ganz unterschiedliche Dinge, aber dann gelang es ihm mehr und mehr, sich als die Woge zu fühlen. Als die Nacht hereinbrach, wurde die Welle in seiner Vorstellung immer höher und höher. So hoch, dass sie die Fahnen von den Grünflächen fortspülte.

Am Morgen fand Tao Kyousei Nami sitzend vor, ein entspanntes Lächeln auf seinem Gesicht. Er rüttelte seine Schultern und sagte: »Denke immer daran: Wir sind, was wir zu sein glauben, und wir tun, was wir uns vorstellen können. Nun kann dich nichts mehr stören. Du bist diese Woge. Du wirst alles, was sich dir in den Weg stellt, fortschwemmen.«

Ja, wir sind, was wir zu sein glauben, und wir tun, was wir uns vorstellen können. Habe ein Bild vor dir von der Art, in der du den Ball abschlagen willst und wie er nach der Landung rollen soll, bevor du ihn spielst. Das gibt deinem Körper ein klares, positives Image, dem er folgen kann.

11

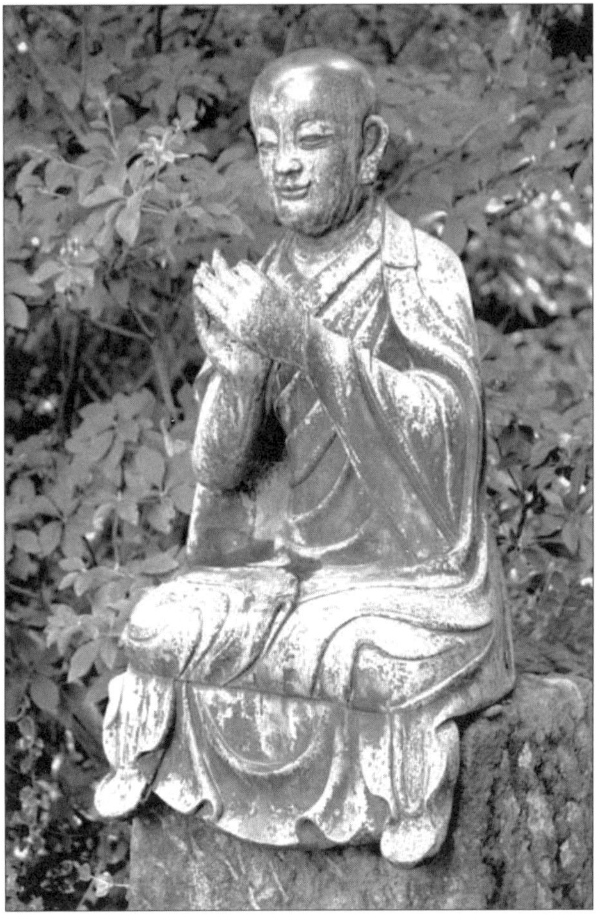

»Ein Augenblick der Geduld kann den Tag retten.
Ein Augenblick der Ungeduld kann ein Unglück hervorbringen.«
Chinesisches Sprichwort

Geduld üben

Ein Golf-Profi und Schüler Taos wollte gerade zu einem Turnier abreisen, als dieser kam, um ihn zu verabschieden.

»An eines musst du denken, wenn du die erste Runde in dem Turnier beginnst«, sprach er, »bleib geduldig!«

Der Spieler erwiderte, er würde das zweifellos tun. Daraufhin wiederholte Tao den Rat dreimal. Dreimal nickte sein Gegenüber und pflichtete ihm bei.

Als er den Rat zum vierten Mal wiederholte, wurde der junge Mann ungehalten und sagte: »Hältst du mich für einen Idioten? Wieso wiederholst du immer wieder das Gleiche?«

Tao lächelte: »Siehst du, es ist gar nicht so leicht mit der Geduld. Nur ein paar Wiederholungen, und schon ist sie weg!«

Geduldig zu sein ist nicht leicht. Erst wenn wir angegriffen werden, wird uns bewusst, wie schwierig es wirklich ist, ruhig zu bleiben. Du kannst Geduldsübungen in dein tägliches Leben einbauen, es gibt viele Möglichkeiten. Auf dem Platz kannst du an etwas Speziellem arbeiten und erst damit aufhören, wenn es vollendet ist.

12

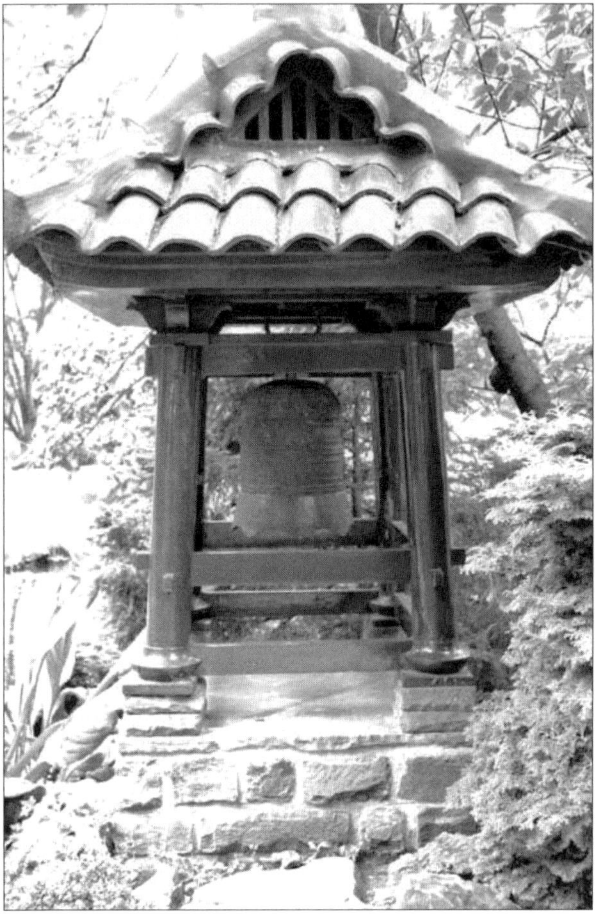

»Zu reines Wasser hat keine Fische.«
Ausspruch im ZEN

Ein zielgerichteter Verstand

Der Sohn eines berühmten Golfers saß in Taos Nähe und bemerkte, dass die Augen des Meisters geschlossen waren, er jedoch offensichtlich nicht schlief.

Der Junge fragte ihn: »Was tust du?« Tao öffnete seine Augen und erwiderte: »Ich übe Selbstdisziplin.«
»Wie machst du das?«, wollte der junge Golfer wissen. »Dazu musst du völlig bewusst bleiben, egal was sich in deinem Alltag ereignet.«

»Ach was«, rief der junge Mann, »das kann doch jeder!«
»Im Gegenteil. Es ist wirklich ziemlich schwierig«, sagte Tao.
»Unsinn. Gib mir die Chance, es dir zu zeigen.«
»O.k., wiederhole einfach den Satz ›Ich stimme dir zu‹ nach jeder Aussage, die ich treffe.«

Der junge Mann willigte ein, es so zu machen. »Ich bin älter als diese Bäume, die um den Golfplatz herumstehen«, sagte der Lehrer.
»Ich stimme dir zu«, sagte der junge Mann. »Ich habe die Höhen und Tiefen vieler Champions miterlebt.«
»Ich stimme dir zu.« »Ich spielte viele Jahre lang im gleichen Club wie dein Vater.«
»Ich stimme dir zu.«
»Und dein Vater war ein ziemlich schlechter Spieler.«
»Ich stimme dir zu.«
»Er war zudem ein Verlierer.«
»Ich stimme dir zu«, sagte der junge Mann, allerdings nach einigem Zögern.
»Außerdem war er ein Dieb und Betrüger.«
»Das ist eine Lüge!«, rief der junge Mann ärgerlich.

»Wie ich schon sagte«, sprach der Meister, »es ist wirklich ziemlich schwierig, Selbstdisziplin zu üben.«

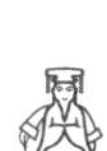

Es ist leicht, diszipliniert zu sein, solange keine emotionale Verbindung zu einer Handlung besteht. Achte während des Spiels darauf, wie deine geistige und emotionale Verfassung deine Leistung beeinflusst.

13

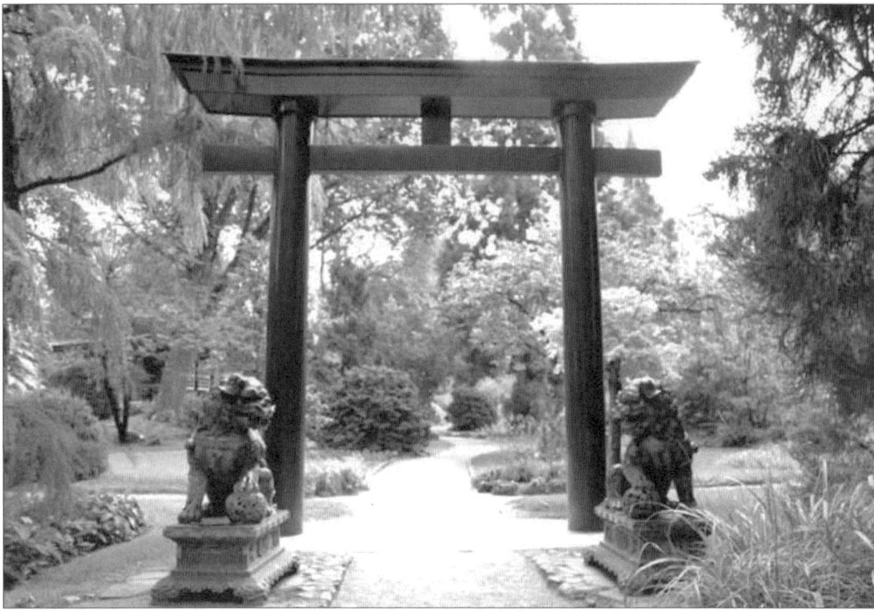

»Deine Gesinnung beeinflusst die Art deines Handelns.
Die Art, wie du handelst, ist ein Spiegel deiner Gesinnung.«
Unbekannter Autor

Was immer du denkst

Tao erklärte einem seiner Schüler vom inneren Kampf, der in ihm vorging. Er sagte: »Es ist wie zwischen zwei Löwen. Der eine ist Unentschlossenheit, Furcht, Zweifel, Ärger, Unsicherheit und Anspannung. Der andere ist Sicherheit, Freude, Frieden, Kreativität und Entspannung.«

Der Schüler dachte eine Minute lang darüber nach, dann fragte er den Meister: »Welcher Löwe gewinnt?«

Tao erwiderte: »Der, den ich füttere.«

Du bist für deinen Lebensweg verantwortlich, und er reflektiert immer die Haltung, die du anzunehmen beschließt. Früher oder später führst du aus, was du denkst. Wenn du gut Golf spielen möchtest, auf eine entspannte und beständige Weise, dann nähre dich selbst mit solchen Gedanken.

14

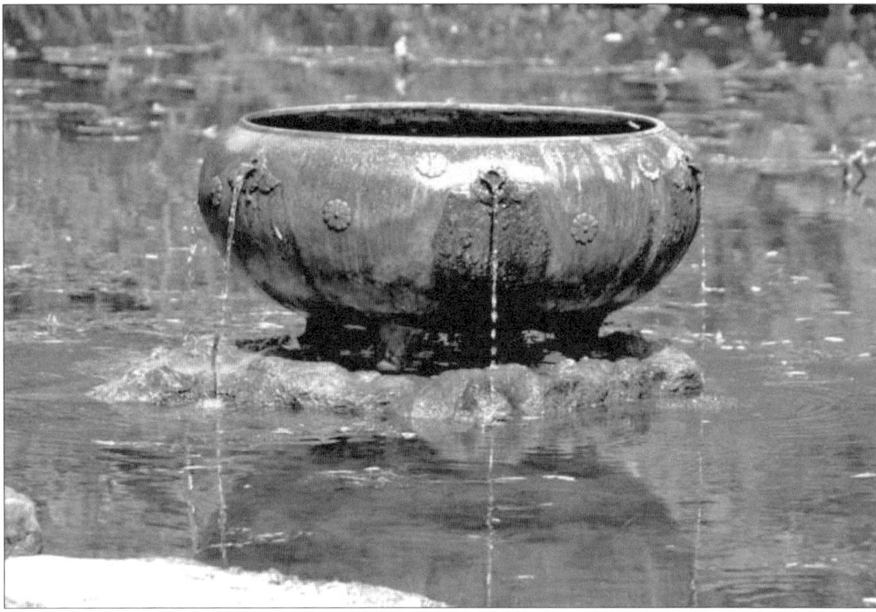

»Wahrhafte Erkenntnis ist das Wissen um die Menge dessen, was du nicht weißt.«

Konfuzius

Nichts existiert

Ein junger Golfer ging von einem Golflehrer zum anderen auf der Suche nach Wissen. Auch zu Tao kam er, prahlte mit dem, was er schon verstanden hatte.

Er philosophierte: »Der Geist und alle Dinge sind letztendlich nicht wichtig. Die wahre Natur aller Dinge ist Leere. Es gibt keine Wirklichkeit, kein Trugbild, keine guten Spieler und keine schlechten Spieler. Es gibt nichts zu gewinnen oder zu verlieren.«

Tao, der gerade nahe an einem Ball stand, um Putten zu üben, sagte nichts, doch plötzlich schlug er den Ball in Richtung des jungen Mannes und verfehlte ihn nur um Haaresbreite. Zornig funkelte er Tao an, wollte gerade losschimpfen, als Tao ihn unterbrach: »Wenn nichts existiert, woher kam dann dieser Zorn?«

Es ist eine Sache, Wissen zu besitzen, und eine andere, es auch zu verstehen. Wenn du spielst, sei dir im Klaren darüber, worauf du dich konZENtrieren willst. Verliere dich nicht in Konzepten und Ideen und vergiss darüber nicht, das Spiel zu spielen.

15

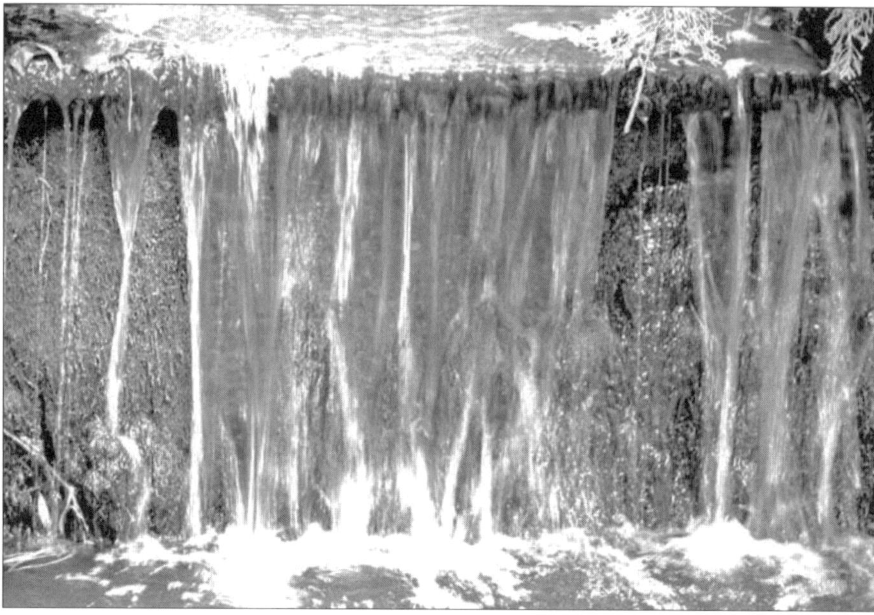

»Ein Samurai ist oft so etwas wie ein Außenseiter, eine rebellische Gestalt, denn er lehnt es ab, sich den Alltagsgewohnheiten anzupassen.«
Takahiro Kitamura

Sei glücklich, wo immer du bist

Tao wollte einer Gruppe von Anfängern vorführen, wie wichtig es sei, von innen heraus ruhig zu sein. Zu diesem Zweck bat er zwei Künstler, je ein Bild des perfekten Friedens zu zeichnen, welche er der Gruppe zeigen wollte.

Einer malte das Bild eines stillen Sees. Der See war ein perfekter Spiegel des Friedens. Darüber wölbte sich ein blauer Himmel mit flockig-weißen Wolken. Alle Teilnehmer, die dieses Bild sahen, glaubten, darin das perfekte Bild für Beschaulichkeit zu erkennen.

Der andere Künstler aber zeichnete das Bild eines schroffen, nackten Felsens. Es regnete und Blitze zuckten über dem Himmel. Von der Seite des Berges stürzte ein schäumender Wasserfall hinab. Auf den ersten Blick wirkte dieses Bild nicht besonders friedlich, doch beim näheren Betrachten konnte man hinter dem Wasserfall einen kleinen Busch erkennen, der in einem Felsenriss wuchs. Ein Vogel hatte dort sein Nest gebaut, und inmitten des wilden Gewässers saß er in seinem Nest.

»Das ist es, was wahren Frieden ausmacht«, erklärte Meister Tao den Anwesenden, die ihm nach genauer Betrachtung des zweiten Bildes auch zustimmten.

Wenn wir in uns selbst KonZENtration und Fokus finden, kann nichts sie stören. Übe dich in gezielter Fokussierung, indem du deine Augen schließt und die Atmung beobachtest. Zähle bei jedem Atemzug bis zehn, doch wenn dir ein Gedanke zwischen dein Zählen gerät, dann beginne von vorn.

16

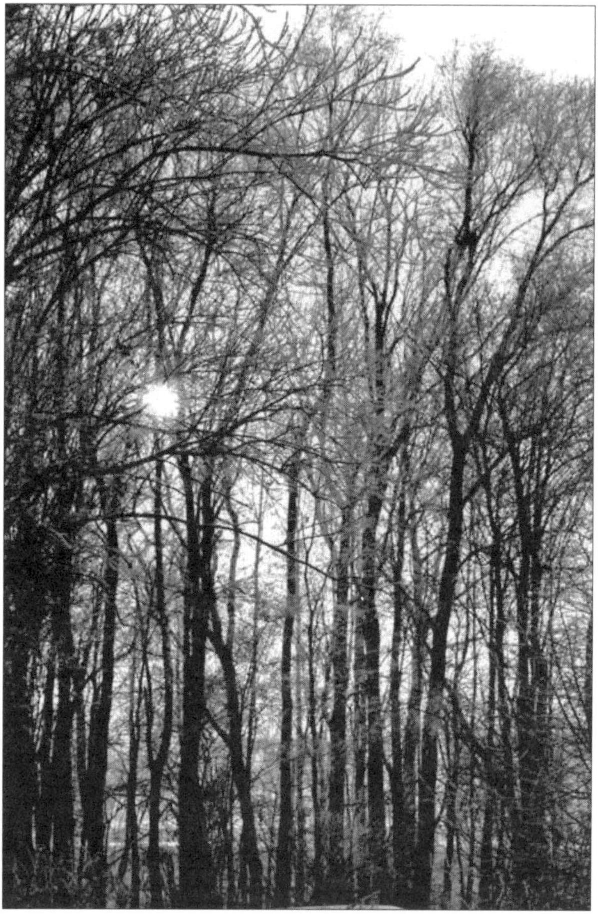

»Das Geheimnis des Lebens ist,
in Harmonie mit Mutter Natur zu leben.«
Zeno

Ausgeglichenheit

Tao erzählte oft die folgende Geschichte, um auszudrücken, wie wichtig es sei zu akzeptieren, auf welche Weise Mutter Natur arbeitet.

Es war einmal ein Bauer, der sich beklagte: »Ließe mich Gott nur das Wetter kontrollieren, dann wäre alles besser, denn anscheinend hat er nicht besonders viel Ahnung von Landwirtschaft.«

Gott sprach zu ihm: »Für ein Jahr überlasse ich dir die Kontrolle über das Wetter. Bitte um alles, was du dir wünschst, und du wirst es bekommen.«

Der Bauer war sehr glücklich. Sofort verlangte er: »Jetzt möchte ich Sonne.« Die Sonne kam heraus. Später wünschte er: »Lass es regnen.« Es regnete.

Für ein ganzes Jahr schien zuerst die Sonne und dann regnete es. Das Gras wuchs und wuchs, es war prächtig anzusehen.

»Nun kann Gott verstehen, wie man das Wetter so kontrolliert, dass alles wächst und gedeiht«, sagte er stolz.

Nie war das Getreide so groß und so grün gewesen. Dann kam die Erntezeit. Der Bauer holte seine Sichel, um den Weizen zu schneiden. Doch da sank sein Herz. Die Halme waren praktisch leer. Gott kam und fragte ihn: »Wie ist deine Ernte?«
Der Mann jammerte: »Arm, sehr arm!«

»Aber hast du nicht das Wetter kontrolliert? Wurde nicht alles, was du wolltest, richtig ausgeführt?«
»Natürlich, das ist ja der Grund, weshalb ich so perplex bin. Ich bekam den Regen und die Sonne, um die ich gebeten hatte, doch kein Getreide ist hier.«

Gott antwortete: »Aber du hast niemals um Wind, Stürme, Eis und Schnee und all das gebeten, was die Luft reinigt und die Wurzeln hart und widerstandsfähig macht. Deshalb hast du jetzt eine Missernte.«

Lernen gelingt nur durch Herausforderungen und ist nur möglich, wenn du sowohl gute als auch schlechte Zeiten hast, wenn du Vergnügen und Schmerz erfährst. Traurigkeit und Glück, Unbehagen und Bequemlichkeit. Lernen bewegt sich zwischen diesen beiden Polen. In der Bewegung zwischen diesen beiden Polen findest du Ausgewogenheit und lernst, wie du ein Spieler des Lebensspiels wirst. Entwickle Klarheit, bevor du einen Schlag ausführst, und akzeptiere von vornherein, dass er möglicherweise nicht auf die Weise ausfällt, die du dir wünschst. Doch vertraue darauf: Man bekommt nicht alles, was man will, aber das, was man braucht.

17

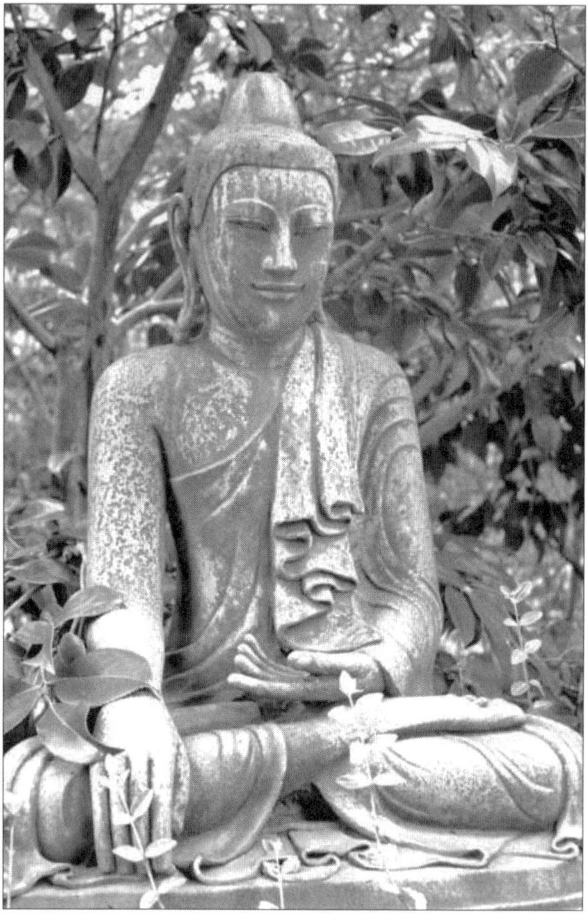

»Das ist ein weiser Mann, der aus seinen Fehlern lernt.
Doch ein noch weiserer Mann lernt auch von anderen.«
Chinesisches Sprichwort

Wenn du spielst, dann spiele

Zwei Golfer unterhielten sich über ihre Meister.

Der eine sagte: »Mein Meister ist ein wahrhaft großer Lehrer. Eines Tages sagte er mir, ich solle auf die andere Seite eines Waldes gehen, wo er mich nicht mehr sehen konnte. Dort stand ich, einen Eimer in meiner Hand. Der Wald war groß, und er stand auf der anderen Seite, von wo aus er einen Ball über die Bäume in den Eimer hineinspielte. Das war sehr beeindruckend! Was kann dein Meister?«

Taos Schüler sprach: »Wann immer er einlocht, locht mein Meister einfach nur ein.«
Der andere Mann sagte: »Wovon redest du? Das nennst du groß? Jeder macht das!«

»Nein, das macht nicht jeder. Wenn die meisten Menschen etwas ausführen, tun sie es, doch gleichzeitig denken sie über hundert andere Dinge nach. Wenn mein Meister einlocht, ist er nur in diesem Augenblick und locht einfach ein ohne Zögern, ohne Ängste, ohne einen Augenblick des Zweifelns. So macht er all seine Schläge. Sein Fokus liegt einzig beim Einlochen in diesem Augenblick, nichts anderem, nicht beim Versenken des Schlages, sondern bei der Durchführung, die für ein gutes Einlochen nötig ist. Dadurch erhält der Ball die beste Möglichkeit, ins Loch zu gehen. Sein Geist ist stets in der Gegenwart.«

Nicht die Darbietung großartiger Dinge macht einen Mann gut oder sehr gut, sondern das Meistern der einfachen, alltäglichen Dinge. Wenn du Ansporn suchst, dann lasse dich vom Handeln der großen Golfspieler inspirieren. Sei nicht durch den spektakulärsten deiner Schläge motiviert, die geschehen, denn häufig passieren diese mehr durch Zufall als durch Können oder Absicht. Vielmehr lass dich davon motivieren, wie du unter Druck konZENtriert und in allen Lebenslagen gelassen bleibt.

18

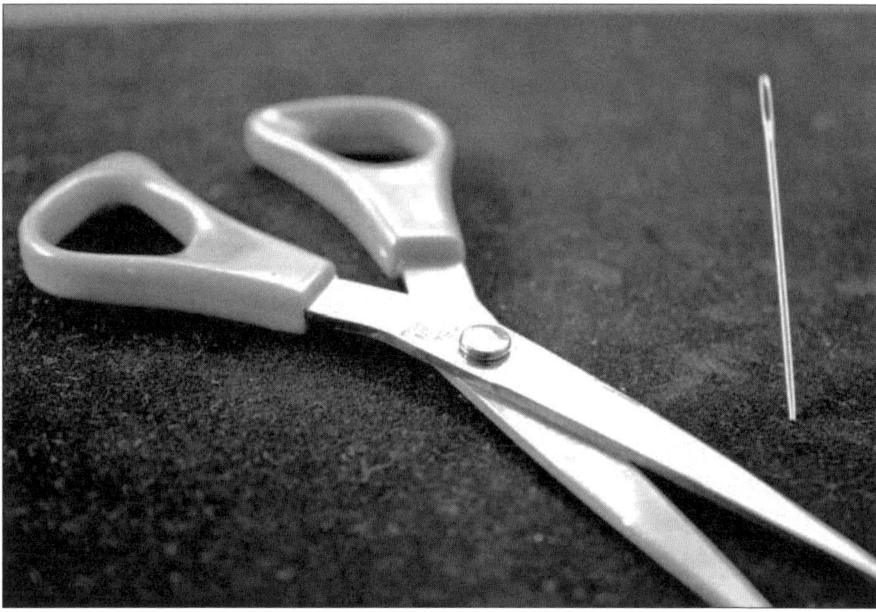

»Gib einem Mann einen Fisch, und du ernährst ihn für einen Tag.
Lehre einen Mann das Fischen, und du ernährst ihn auf Lebenszeit.«
Chinesisches Sprichwort

Füge dein Spiel zusammen

Tao erteilte einem seiner Golfschüler, dem es schwerfiel, in seinem Spiel Ausgewogenheit zu finden, eine Lektion. Der Meister unterbrach den Unterricht und suchte in seiner Tasche nach etwas. Nach einer Weile zog er eine Schere und eine Nadel hervor.

Er fragte den Schüler: »Welches der zwei Instrumente ist jetzt für dich von größerem Wert?« Sein Gegenüber dachte einen Augenblick über diese schwere Frage nach und antwortete: »Die Schere.«

Tao sah ihn an und übergab ihm die Schere, doch er empfahl ihm: »Es wäre weiser, würdest du die Nadel nehmen. Die Schere brauchst du nicht; eine Nadel tut es auch.«

Der junge Spieler war verwirrt: »Ich verstehe nicht. Wie kann ich eine Nadel verwenden?«

Tao sprach: »Ich rede in Metaphern. Eine Schere brauchst du nicht, weil die Schere Dinge auseinanderschneidet. Eine Nadel hingegen brauchst du, weil eine Nadel Dinge zusammenfügt. Du brauchst Harmonie. Meine Lehre basiert auf Harmonie und darauf, Dinge zusammenzufügen. Du brauchst eine Nadel, damit du dein Spiel zusammenfügen kannst. Die Schere ist nutzlos; sie zerschneidet, sie trennt. Das nächste Mal, wenn du zum Lernen kommst, reicht eine einfache Nadel aus.«

Was beim Golf gebraucht wird, ist eine fein ausgewogene und koordinierte Reihe aus Bewegungen. Lass die Dinge, die du in der Praxis ausführst, ihren eigenen Platz finden. Wenn etwas nicht funktioniert oder dein Spiel stört, verwende das STOP-Tool von W. Timothy Gallwey (siehe auch »INNER GAME COACHING« S. 155). Es bedeutet: **S** *= tritt einen Schritt zurück (Stop)* **T** *= denke nach (Think)* **O** *= organisiere dich selbst wieder (Organize)* **P –** *mache weiter (Proceed)*

19

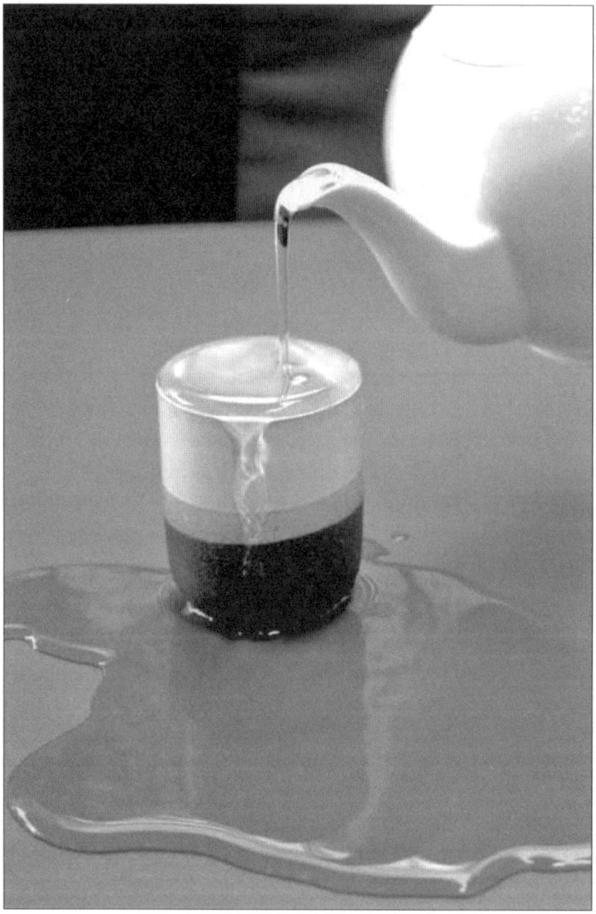

»Wenn etwas passiert ist, sprich nicht darüber.
Es ist mühsam, verschüttetes Wasser einzusammeln.«
Sprichwort

Erschließe dir neue Perspektiven

Ein junger, vielversprechender Golfspieler kam zu Tao, um Rat zu finden und seine Lehrmethoden zu verstehen. Er stellte Fragen über Fragen und der Meister lauschte einfach. Dann bot er dem jungen Mann eine Tasse Tee an. Tao goss den Tee in die Tasse, goss und goss, bis die Tasse überlief. Der junge Golfspieler sah in Verblüffung der überfließenden Tasse zu, bis er sich nicht länger zurückhalten konnte.

»Sie ist übervoll! Es geht nichts mehr hinein!«, platzte er heraus.

»Du bist wie diese Tasse Tee«, erwiderte der Meister, »wie kann ich dir helfen, bevor du deine Tasse nicht geleert hast?«

Wenn du voller eigener Meinungen und Vermutungen bist, wie kannst du dein Spiel entwickeln? Also leere deinen Geist stets von alten Gewohnheiten, um offen für neue Lehren zu sein.

20

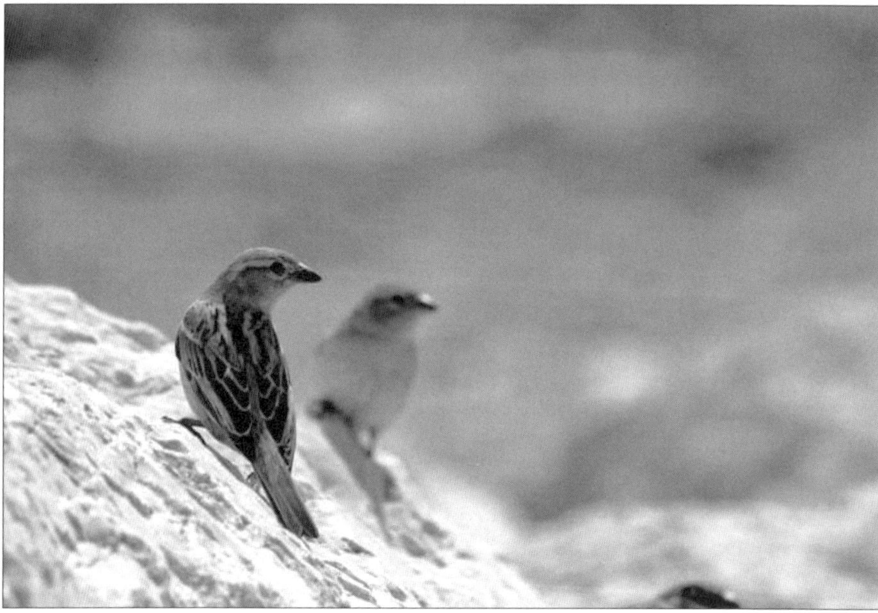

»Alles, was wir sind, ist das Ergebnis dessen, was wir dachten.
Handelst du auf zerstörerische Weise, wird naturgemäß Leiden darauf folgen.
Handelst du auf gesunde Weise, wird dir Glück wie ein Schatten
folgen und dich nie wieder verlassen.«
Autor unbekannt

Gib deinem Geist das richtige Bild

Ein Golfer erzählte Tao von seinem Traum. Er war ein großer Golf-Champion, gewann ein Turnier nach dem anderen. Im Traum war er sich seiner Individualität als Person nicht bewusst, er war einfach der Golf-Champion. Doch plötzlich erwachte er und erkannte, dass er wieder der normale Golfer war.

Aber dann kam ihm ein Gedanke: »War ich vorher ein normaler Golfspieler, der davon träumte, ein Golf-Champion zu sein, oder bin ich nun ein Golf-Champion, der davon träumt, ein normaler Golfer zu sein?«

Manchmal träumen wir mit geschlossenen Augen und manchmal träumen wir mit offenen Augen. Doch kann unser Geist dazwischen unterscheiden?

Wirklichkeit ist, was der Geist als wirklich akzeptiert. Diesem Bild wird er folgen, ob es wahr ist oder nicht. Deshalb ist es von Vorteil, vor dem Spiel ein Bild des geplanten Schlages in seinem Geist zu haben, in der Praxis ebenso wie im Unterricht.

21

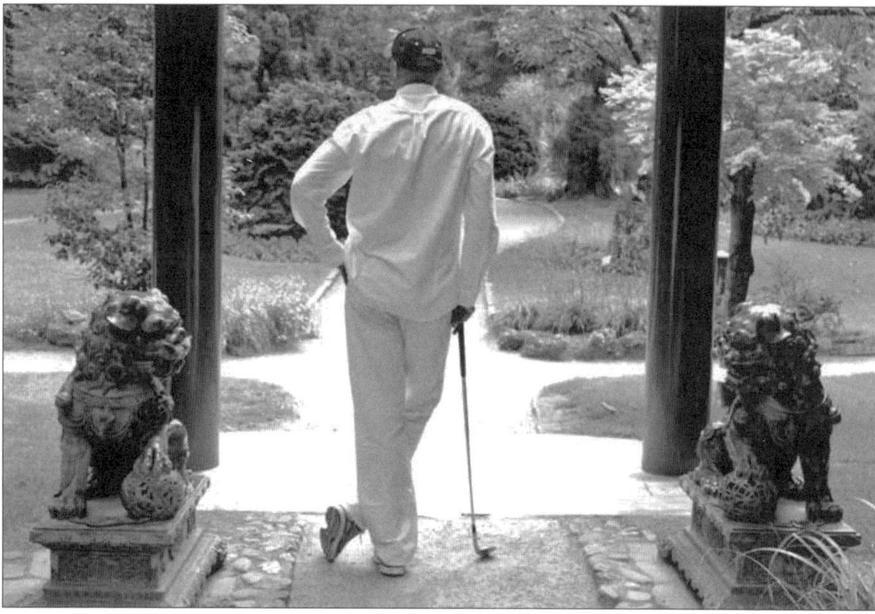

»Der weise Mann ist ein spirituelles Wesen. Selbst wenn große Ozeane in Flammen aufgehen, fühlt er sich nicht heiß. Selbst wenn die großen Flüsse zufrieren, fühlt er sich nicht kalt. Und selbst wenn ein schrecklicher Donner über die Berge hereinbricht und der Wind die See aufwühlt, fürchtet er sich nicht. Sein Dasein auf diese Weise lässt ihn zu den Wolken steigen und zu den Kräften des Himmels und der Erde, lässt ihn zur Sonne und zum Mond fliegen und ihn hinter den vier Meeren entlangstreifen.
Weder Leben noch Tod beeinflussen ihn.
Wie wichtig sind dann noch solche Dinge wie Gewinn oder Verlust?«

Chuang Tzu

Selbstkontrolle

Eine Gruppe junger Golfspieler hatte große Ehrfurcht vor ihrem Meister Tao. Nicht nur wegen seiner Weisheit, sondern weil es auch nichts zu geben schien, das ihn ärgerte oder störte.

Eines Tages beschlossen sie, ihn einem Test zu unterziehen. Einige von ihnen versteckten sich hinter einer Hecke des Abschlagplatzes und warteten darauf, dass der Meister vorbeikäme. Nach ein paar Augenblicken tauchte er auf und trug eine Tasse mit heißem Tee. Gerade als er sie passierte, rannten alle zu ihm heraus und schrien, so laut sie konnten. Doch der Lehrer zeigte keinerlei Reaktion. Er ging friedlich seinen Weg zu einem kleinen Tisch am Ende des Platzes, stellte die Tasse behutsam nieder. Dann lehnte er sich an die Wand zurück und rief:
»AAAHHHHHH!«

Selbstkontrolle ist mehr, als nur auf Dinge zu reagieren. Sie ist die Entscheidung über den rechten Augenblick der Reaktion. Doch um das zu tun, bedarf es einer außergewöhnlichen Aufmerksamkeit, um nicht von Überraschungen ertappt zu werden.

22

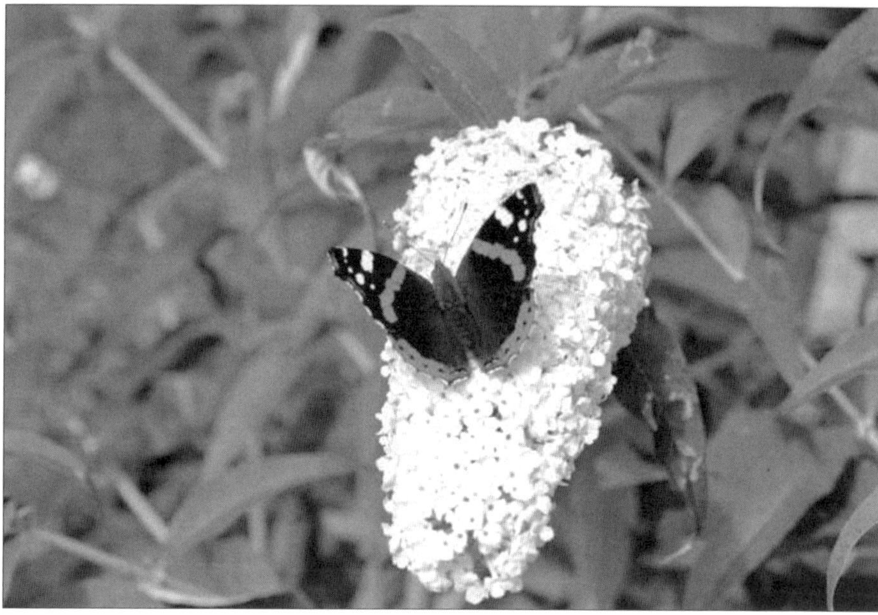

»Betrachte alles Bestehende, wie es existiert, und alles Nichtexistente,
das es nicht gibt, und erkenne die Dinge so an, wie sie eben sind.
Mit solch einer Geisteshaltung genießt einer göttlichen Schutz, wenn er auch nicht betet.«
Hojo Nagauji

Bekommen, was wir brauchen

Tao und ein junger Golfer spazierten über den Platz, als sie den Kokon eines Schmetterlings fanden. Eine kleine Öffnung kam zum Vorschein, und sie saßen und schauten dem Schmetterling eine ganze Weile dabei zu, wie er kämpfte, seinen Körper durch das kleine Loch zu zwängen.

Dann schien es so, als hielte der Vorgang an. Es sah so aus, als wäre er so weit gekommen, wie es eben ging, und als ginge es nun nicht weiter. Der Golfspieler beschloss, dem Schmetterling zu helfen. Er zerschnitt das letzte Stückchen des Kokons mit einer Schere, und dem Schmetterling gelang es herauszukommen. Doch etwas war merkwürdig: Er hatte einen aufgeblähten Körper und schrumpelige Flügel. Tao und der junge Mann beobachteten den Schmetterling eine lange Zeit in der Erwartung, dass er seine Flügel öffnen und davonfliegen würde. Doch dies geschah nicht, denn der Schmetterling verbrachte den Rest seiner Tage umherkriechend, mit einem aufgeblähten Körper und deformierten Flügeln. Er wurde niemals flugfähig.

Tao erläuterte, dass der enge Kokon und der nötige Kampf des Schmetterlings, durch die kleine Öffnung zu kommen, den Prozess anstieß, die Flüssigkeit vom Körper des Schmetterlings in seine Flügel zu leiten. So wäre er eines Tages bereit für den Flug und würde vom Kokon freikommen.

»Manchmal sind Kämpfe genau das, was wir in unserem Lernprozess brauchen«, erklärte Tao weiter. »Würden wir unsere Entwicklung ohne jegliche Hindernisse oder Herausforderungen durchlaufen, erhielten wir nicht die nötige Stärke.«

Die Natur braucht keine Hilfe. Wenn du spielst, und es läuft nicht nach Plan, dann halte einfach an, entspanne und ruhe für einen Augenblick ohne Stress aus, mit dem Wissen, dass alles in der nötigen Weise geschieht – ob du es nun akzeptierst oder nicht.

23

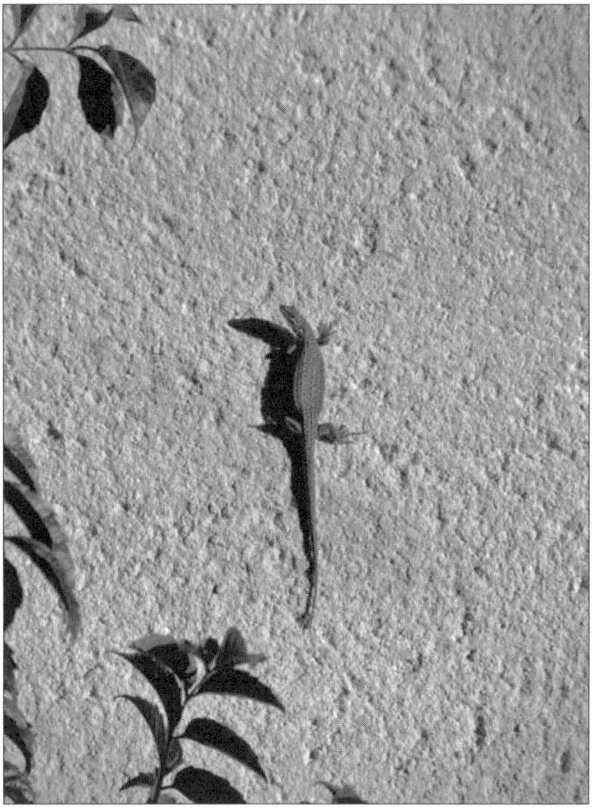

»Triff deine Entscheidungen innerhalb von sieben Atemzügen ...
Es ist eine Sache der Entschlossenheit und
den Sinn dafür zu haben,
zur anderen Seite durchzubrechen.«
Hagakure

Das Leben ist ein Echo

Tao spielte mit einem seiner jüngsten Schüler auf einem Platz, der am Fuße eines großen Bergmassives gebaut war. Der Junge schlug einen Ball so, dass er außerhalb der Begrenzungen landete.

In seiner Enttäuschung rief er aus: »Neeeeeeeeeeeeeiiiiiiiiiiiiin!!!«

Zu seiner Überraschung hörte er die Stimme irgendwo in den Bergen wiederholen: »Neeeeeeeeiiiiiiiiiin!!!«

Neugierig rief er zurück: »Wo bist du?« Er erhielt die Antwort: »Wo bist du?« Ärgerlich über diese Antwort schrie er: »Feigling!« Und er erhielt die prompte Antwort: »Feigling!«

Er schaute zu Tao, in der Hoffnung, dass dieser ihm helfen könnte. Der Lehrer lächelte und sprach: »Pass auf.«

Dann rief er zum Berg: »Ich bewundere dich!« Die Stimme antwortete: »Ich bewundere dich!« Wieder rief der Lehrer: »Du bist ein Gewinner!« Die Stimme antwortete: »Du bist ein Gewinner!«

Menschen nennen das Echo, doch in Wirklichkeit ist es das LEBEN.

24

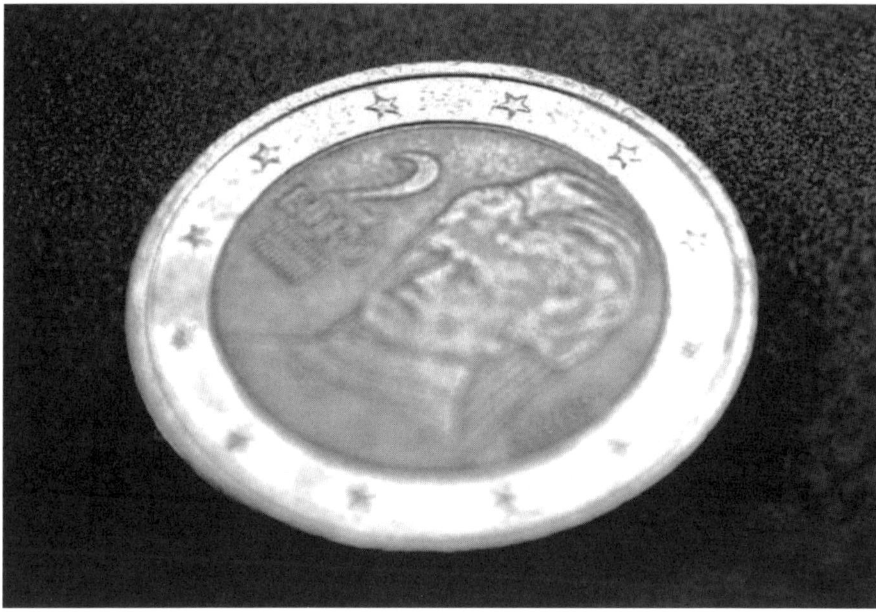

»Großer Geist, wir bitten um Stärke, und du gibst uns Schwierigkeiten, die uns stark machen; wir bitten um Weisheit, und du schickst uns Probleme, aus deren Lösung sich Weisheit entwickelt. Wir bitten um Gunst, und du gibst uns Chancen.«
Gebet eines eingeborenen amerikanischen Indianers

Bedingungsloses Vertrauen

Während eines Turniers spielte ein junger Profi nicht sein ganzes Potenzial aus, also suchte er Rat bei Tao, der bei diesem Turnier sein Caddie war.

Obwohl die Strecke schwierig war, vertraute Tao darauf, dass er gut genug spielen und gewinnen würde, doch der junge Mann war von Angst erfüllt. Auf dem Weg zum neunten Loch hielten sie an, um etwas zu trinken. Sie unterhielten sich, und Tao merkte, dass sein Schützling Unterstützung brauchte. Er holte eine Münze aus seiner Tasche und sagte: »Ich werfe jetzt diese Münze. Fällt sie auf Kopf, wirst du erfolgreich sein, wenn Zahl kommt, wirst du heute versagen. Das Schicksal wird jetzt offenbar.« Er warf die Münze in die Luft, und sie schauten konzentriert zu, als sie auf Kopf landete. Der junge Profi war so überglücklich und von Vertrauen erfüllt, dass er die weiteren Löcher in Angriff nahm und das beste Ergebnis des Turniers erzielte.

Als die Zeremonien der Preisverleihung vorüber waren, wandte sich einer der Zuschauer, der den Münzwurf mit angesehen hatte, an Tao und sagte: »Siehst du, niemand kann das Schicksal beeinflussen.«

»Ganz richtig«, erwiderte der Meister, als er dem Mann die Münze zeigte. Sie hatte Kopf auf beiden Seiten.

Was wir glauben ist das, was wir erreichen. Bedingungsloses Vertrauen zu leben ist, sein Selbstvertrauen auf dem zu gründen, was man tut, anstatt auf Ergebnissen, die unkontrollierbar sind. Auf diese Weise beeinflusst man sein Schicksal.

25

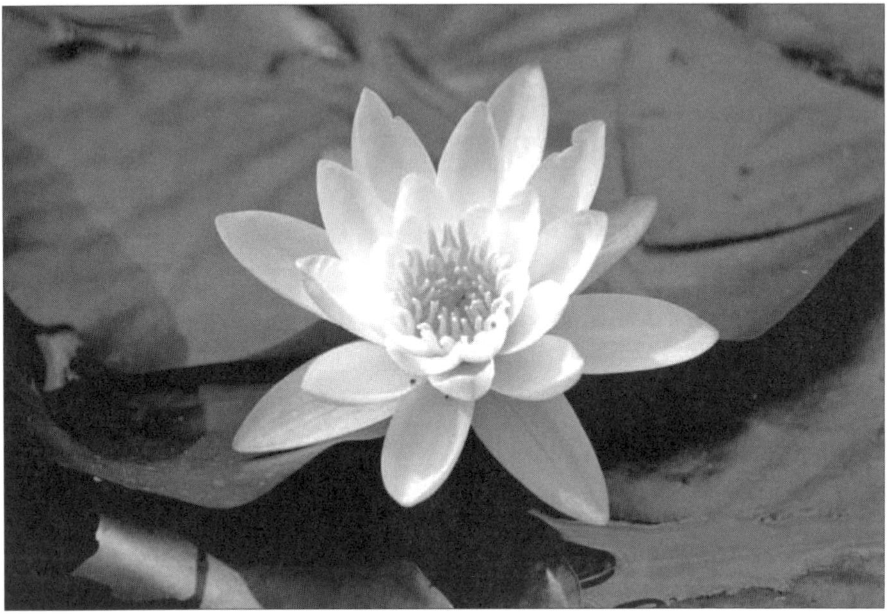

»Der, der andere kontrolliert, mag mächtig sein.
Doch der, der sich selbst beherrscht, ist mächtiger.«
Lao Tzu

Ein guter Golfspieler

Ein Freund Taos, der ihn in seiner Golfschule besuchte, sah zu, wie einer von Taos Schülern einige Schläge zu einem über 200 Meter entfernten Ziel spielte.

»Ich bin beeindruckt, dieser junge Mann ist wirklich ein ausgezeichneter Golfer!«, bemerkte er. »So mag es dir erscheinen«, sagte der Meister, »und es stimmt, er absolviert diese Übung sehr gut, doch wenn er um eine Rangfolge mit anderen Golfern wetteifert, beginnen ihm die Knie zu zittern. Und wenn er um einen Preis spielt, beben seine Hände so schlimm, dass er kaum den Schläger halten kann. Er hat gelernt, einen Golfball gut zu schlagen, aber jetzt ist es Zeit, die ganze Kunst des Golfspiels zu erlernen.«

Der große Unterschied zwischen Praxis und Wettkampf liegt im Kopf.
Im Wettkampf achte beim mentalen Spiel einfach bewusst und konZENtriert darauf, was du für den nächsten Schlag tun musst, statt darüber nachzudenken, was passiert ist oder passieren könnte.

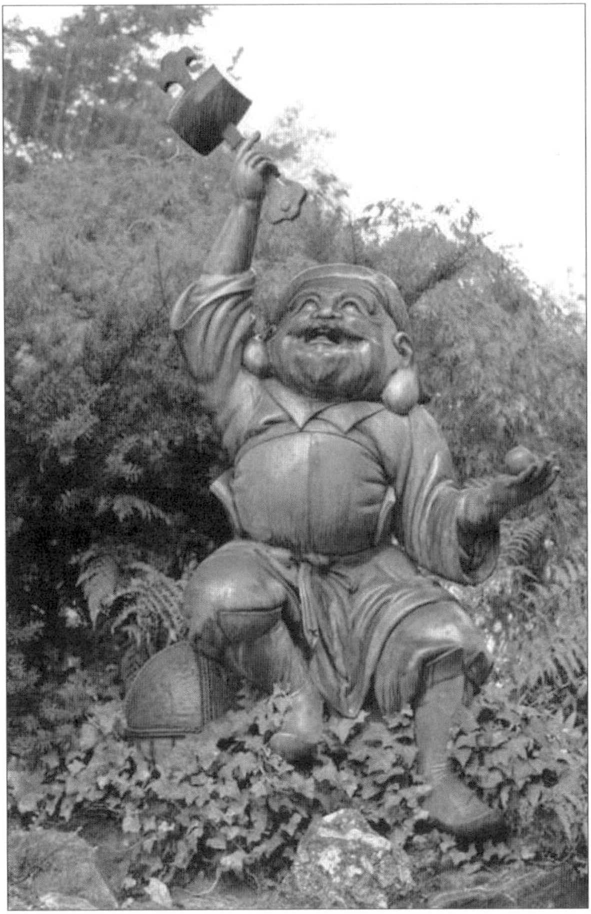

»Wenn du damit zufrieden bist, einfach du selbst zu sein
und nicht zu vergleichen und zu wetteifern,
wird dich jedermann respektieren.«
Lao Tzu

Es ist nicht nötig zu vergleichen

»Mein Vater war ein Steinschleifer«, sagte Tao, »und er war mit sich selbst und seiner Position im Leben unzufrieden. Eines Tages kam er am Haus eines wohlhabenden Mannes vorüber und dort sah er viele teure Dinge und wichtige Besucher.

›Wie mächtig dieser Mann sein muss!‹, dachte sich mein Vater, der Steinschleifer. Er war neidisch und wünschte sich so sehr, wie jener reiche Mann zu sein. Dann, zu seiner großen Überraschung, wurde er plötzlich reich, genoss mehr Luxus und Macht, als er sich jemals erträumt hatte, doch er wurde von denen gehasst und verabscheut, die ärmer als er selbst waren. Bald kam ein hoher Beamter in einer goldenen Kutsche vorbei, begleitet von vielen Dienern und eskortiert von Soldaten. Jeder, egal wie reich, musste sich vor der Prozession verbeugen. ›Wie mächtig dieser Beamte ist!‹, dachte er. ›Ich wünschte, ich könnte ein solch hoher Beamter werden!‹ Dann wurde er ein hoher Beamter, reiste mit seinem Gefolge umher, gefürchtet und gehasst von allen Menschen ringsum.

Es war ein heißer Sommertag und er fühlte sich in seiner heißen Kutsche sehr unbehaglich. Er sah zur Sonne hoch, sie schien stolz am Himmel, ungerührt von seiner Gegenwart. ›Wie mächtig die Sonne ist!‹, dachte er, ›ich wünschte, ich könnte die Sonne sein!‹ Dann wurde er die Sonne, schien ungestüm auf jedermann hernieder, versengte die Felder, wurde von den Bauern und Arbeitern verflucht, doch eine große, schwarze Wolke schob sich zwischen ihn und die Erde, und so konnte sein Licht nicht länger auf alles niederscheinen.

›Wie mächtig diese Regenwolke ist!‹, dachte er, ›ich wünschte, ich wäre eine Regenwolke!‹ Dann wurde er die Wolke, überschwemmte die Felder und Dörfer, von allen verachtet.
Doch bald drängte es ihn, eine noch größere Kraft zu werden, der Wind. ›Wie mächtig er ist!‹, dachte er, ›ich wünschte, ich könnte der Wind sein!‹ Dann wurde er der Wind, blies die Schindeln von den Dächern der Häuser, entwurzelte Bäume, wurde von allen dort unten gefürchtet und gehasst. Nach einer Weile stieß er gegen etwas, das sich nicht bewegen wollte, egal wie gewaltig er dagegenblies – ein großer, hoch aufragender Felsen.

›Wie mächtig dieser Felsen ist!‹, dachte er, ›ich wünschte, ich könnte ein Felsen sein!‹ Dann wurde er der Felsen, mächtiger als alles andere auf der Erde.
Als er dort stand, hörte er den Klang eines Hammers, der mit einem Meißel die harte Oberfläche zerschlug, und fühlte sich verändert. ›Was könnte mächtiger sein als der Felsen?‹, dachte mein Vater. Er sah herab und entdeckte weit unter sich die Gestalt eines Steinschleifers.«

Halte inne und erkenne, dass du der Beste bist, der du jetzt sein kannst. Genieße dein eigenes Dasein und genieße das Spiel auf deine Weise. Du wirst davon begeistert sein, wie du täglich in allen Dingen besser und besser wirst.

27

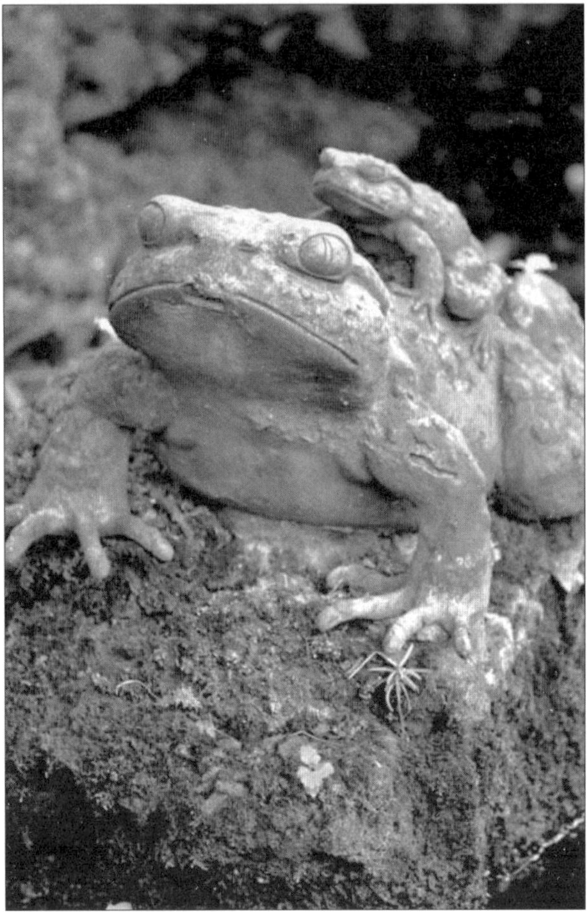

»Angelegenheiten von großer Bedeutung
sollten leicht behandelt werden ...
Angelegenheiten von geringer Bedeutung
sollten ernsthafter behandelt werden.«
Hagakure

Gib niemals auf

Ein junger, talentierter Golfspieler war im Begriff, das Golfspielen aufzugeben, denn er sah keinerlei Entwicklung, weder in seinem Spiel noch bei seinem Handicap. Bevor er seinen Vorsatz wahr machen wollte, beschloss er, Tao einen Besuch abzustatten. Er erzählte dem Meister von seiner misslichen Lage, und Tao, wie er es so oft tat, wählte als Antwort für den jungen Mann diese Geschichte aus, eine Fabel von Aesop:

»Es waren einmal zwei Frösche, die in einen Topf voller Sahne fielen. Sie konnten nicht mehr herauskommen, da die Wand des Topfes rutschig und glatt war. So schwammen sie also in der Sahne umher. ›Oh, das ist das Ende meines Lebens!‹, sagte einer von ihnen, hörte zu schwimmen auf und ertrank.

Doch der zweite Frosch gab nicht auf, schwamm und schwamm und schlug die Sahne mit seinen kleinen Füßen. Aus der Sahne wurde ein Butterball, und er sprang auf den Ball aus Butter und kam so aus dem Topf heraus!«

Ein Schlag, der wie eine große Beeinträchtigung erscheint, kann allmählich eines deiner wertvollsten Güter werden, ganz gleich, wie schwierig er ist oder erscheinen mag. Gib nicht auf, sondern halte durch, indem du ausdauernd und geduldig bleibst. Übe, übe und dann übe noch mehr.

28

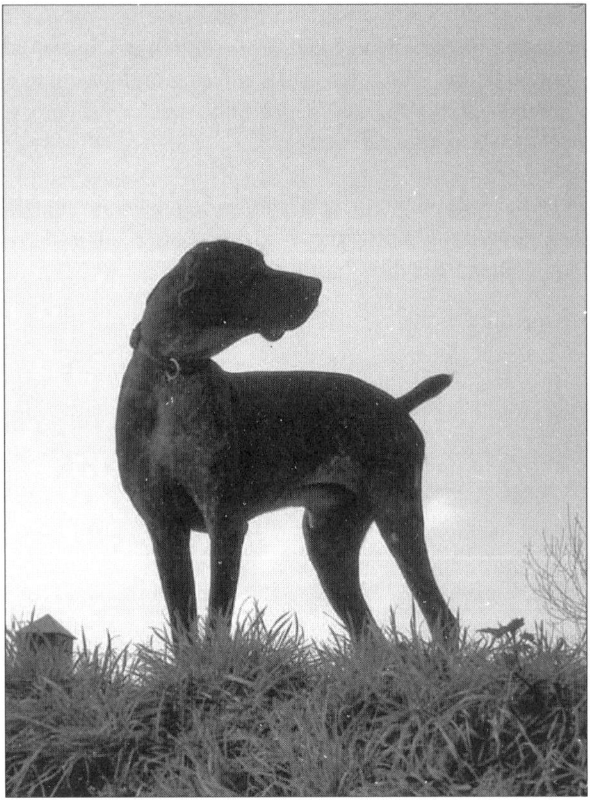

»Die Welt ist wie ein Spiegel, siehst du?
Lächle, und andere lächeln zurück.«
Sprichwort des ZEN

Deinen Schwanz jagen

Ein Anfänger bemerkte, während er auf der Driving Range übte, wie ein Welpe, den ein anderer Golfer mitgebracht hatte, seine Rute jagte.

Tao, der neben dem Mann stand, fragte ihn: »Was glaubst du, warum dieser kleine Welpe seine Rute jagt?«

»Ich vermute, der Welpe hat bemerkt, dass Hunde, wenn sie glücklich sind, mit ihren Ruten wedeln. Also muss Glück in der Rute sein und er versucht sie zu fangen«, sagte der junge Mann.

Der Lehrer ging redend weiter: »Ich stimme darin mit dir überein, dass Hunde ihr Vergnügen zeigen, indem sie mit ihren Ruten wedeln, doch ich habe außerdem bemerkt, wenn sie ihren Geschäften nachgehen, dass ihre Ruten ihnen folgen.«

Man muss sein Glück nicht jagen, denn wenn das Glück in der Rute liegt, kann man sich auf seinen Weg konzentrieren, und das Glück folgt einem sowieso.

Etwas zu jagen, das du bereits hast, ist Zeit- und Energieverschwendung.
Höre auf zu versuchen und vertraue!

29

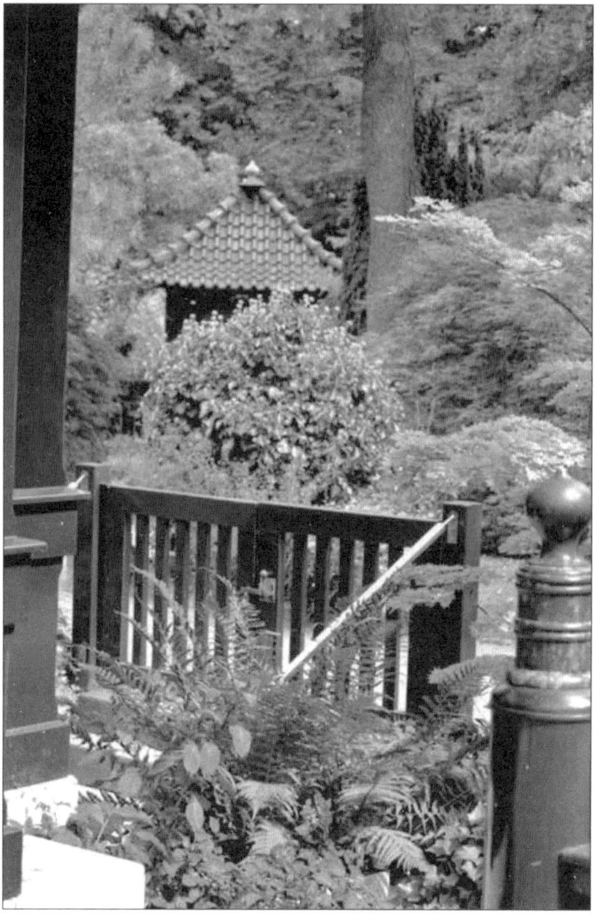

»Erlangt ein einfacher Mann Wissen, dann ist er weise.
Erlangt ein weiser Mann Verständnis,
ist er ein einfacher Mann.«
Ausspruch des ZEN

Positives Selbstgespräch

Tao veranstaltete einmal im Jahr einen besonderen Trainingsworkshop. Dort gab es die Vorschrift, still zu sein. Den Novizen war es nicht gestattet, irgendetwas zu sagen. Doch es gab für diese Vorschrift eine Ausnahme. Alle drei Tage durften die Novizen genau zwei Wörter sagen.

Nachdem seine ersten drei Ausbildungstage vergangen waren, wurde ein Junge zum Meister gerufen.

»Das waren drei Tage«, sprach Tao, »welche zwei Worte möchtest du sprechen?«
»Ball … mühsam«, sagte der Novize. »Ich verstehe«, erwiderte Tao.

Drei Tage später kehrte der Schüler zu Taos Büro zurück. »Das waren drei weitere Tage. Welche zwei Worte möchtest du sprechen?«
»Schläger … schwer«, sagte er. »Ich verstehe«, erwiderte der Meister.

Nach weiteren drei Tagen wurde der Schüler wieder zu Tao gerufen, der ihn fragte: »Welches sind jetzt deine zwei Worte?«

»Ich … gebe auf!«, sagte der Anfänger.

»Gut, das habe ich mir schon fast gedacht«, erwiderte Tao, »alles, was du die ganze Zeit getan hast, war, dich zu beschweren.«

Was wir sagen, beeinflusst die Art unserer Gedanken. Wie wir denken, beeinflusst die Art unserer Handlungen. Wenn du übst, und besonders wenn du eine Runde Golf spielst, richte deine Aufmerksamkeit auf deine Selbstgespräche und stelle sie um, falls nötig.

30

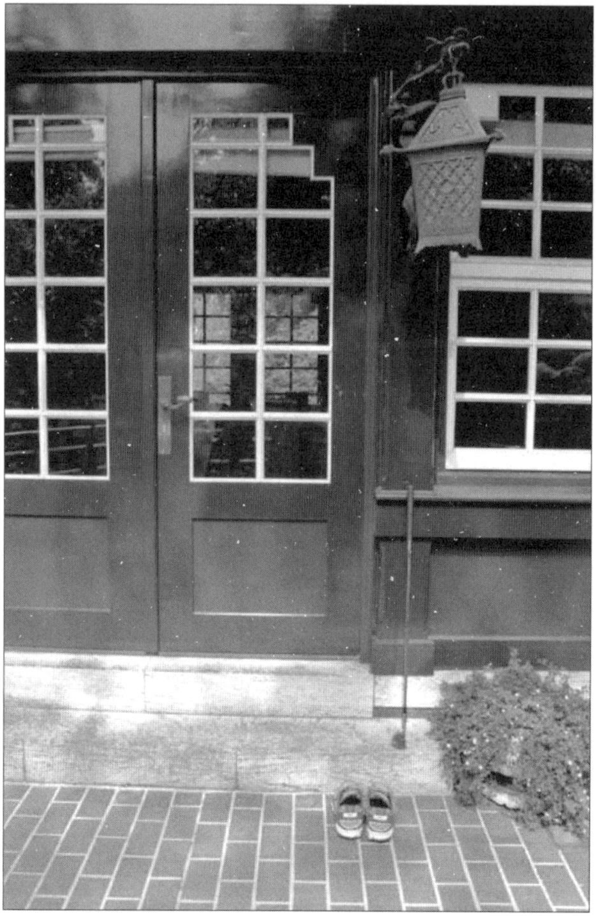

»Es ist immer besser zu betrachten, was getan ist,
statt nur darauf zu schauen, was noch zu tun bleibt.«
Unbekannter Autor

Bewusstheit

Nach vielen Jahren, in denen er das Golfspiel unter Meister Tao fast perfektioniert hatte, und nach weiteren Jahren, in denen er andauernd gespielt hatte, gewann ein junger Profi seinen ersten großen Wettkampf. Am nächsten Tag ging er stolz seinen Meister besuchen.

Als er im Clubhaus ankam, wo er sich mit Tao traf, begrüßte ihn dieser mit einer Frage: »Hast du deine Golfschuhe und den Schläger draußen auf der Veranda gelassen?«

»Ja«, erwiderte der junge Mann.

»Sag mir«, fuhr der Lehrer fort, »hast du deinen Schläger rechts oder links von deinen Schuhen platziert?«

Der junge Mann konnte nicht antworten, weil er die richtige Antwort nicht wusste. Er erkannte, dass er noch immer nicht vollkommene Bewusstheit erlangt hatte, also setzte er seine Ausbildung unter Tao fort.

Der Lernprozess endet niemals. Wir erreichen diesen Zustand der Perfektion nie, nach dem wir ständig auf der Suche sind. Wenn du einen Ball abschlägst oder eine Runde Golf spielst, und es fühlt sich so an, wie es sollte, genieße die Freude eines solchen erfolgreichen Augenblicks und mache weiter, ohne den Erfolg in Stolz oder Arroganz zu verwandeln. Dann wird jeder Erfolg eine Unterstützung und keine Störung deines Fortschritts sein.

31

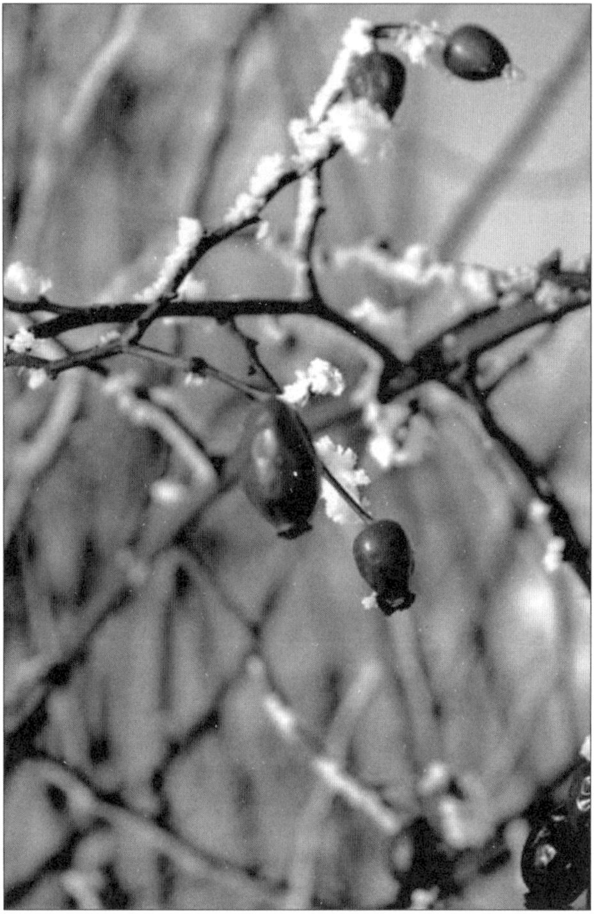

»Gestern ist nur ein Traum, morgen ist nur eine Vision.
Doch heute, gut gelebt, macht aus jedem Gestern
einen Traum voller Glück und aus jedem Morgen
eine Vision voller Hoffnung.
Deshalb achte gut auf diesen Tag.«
Sprichwort aus dem Altindischen

Es ist gut

Tao kannte einen Staatsminister, der einen guten Freund hatte.
Jener sagte immer: »Es ist gut« – in jeder nur erdenklichen Lebenssituation, positiv oder negativ.

Eines Tages gingen der Minister und sein Freund auf Safari nach Afrika. Während er sich durch das Strauchwerk schlug, schnitt er versehentlich einen Finger von der rechten Hand des Ministers ab. Wie immer sagte der junge Mann: »Es ist gut.«

Doch der Minister war so zornig, dass er sagte: »Nein! Das ist nicht gut!« In seinem Zorn schwor er, seinen Freund für etliche Jahre ins Gefängnis zu werfen.

Kurze Zeit nach dem Ereignis ging der Minister wieder auf Afrikareise. Doch dieses Mal beschloss er, allein zu reisen. Er wurde von einem Kannibalenstamm gefangen genommen. Sie brachten ihn zu ihrem Dorf, um ihn zu kochen und zu verspeisen. Als sie das Feuer vorbereiteten und dabei waren, den Minister in den Topf zu werfen, fiel ihnen auf, dass ihm ein Finger fehlte. Weil es Unglück bringt, jemanden zu essen, der nicht vollständig ist, beschlossen sie, ihn freizulassen.

Gleich als er nach Hause zurückkam, besuchte er seinen Freund im Gefängnis. Er entschuldigte sich zutiefst für das, was er ihm angetan hatte, denn hätte er nicht seinen Finger verloren, hätten ihn die Kannibalen verspeist.

Der Freund hörte dem Minister zu, wie sehr es ihm leid tat, dass er ihn für so lange Zeit eingesperrt hatte, und wie schlecht er sich fühlte, dass er so gehandelt hatte.

»Nein«, erwiderte sein Freund, »es ist gut.«
»Wie meinst du das … das ist gut? Wie könnte es gut sein, dass ich meinen Freund ein Jahr lang ins Gefängnis schickte?«

»Das ist sehr gut, denn wäre ich nicht im Gefängnis gewesen, wäre ich bei dir und eine schöne Mahlzeit für die Kannibalen gewesen.«

*Dinge geschehen, weil sie geschehen, ob wir es akzeptieren oder nicht.
Alles, was wir tun können, ist unser Bestes zu geben und zu lernen, mit den Dingen umzugehen. Hier zeigt sich unsere persönliche Herangehensweise zum Leben.*

32

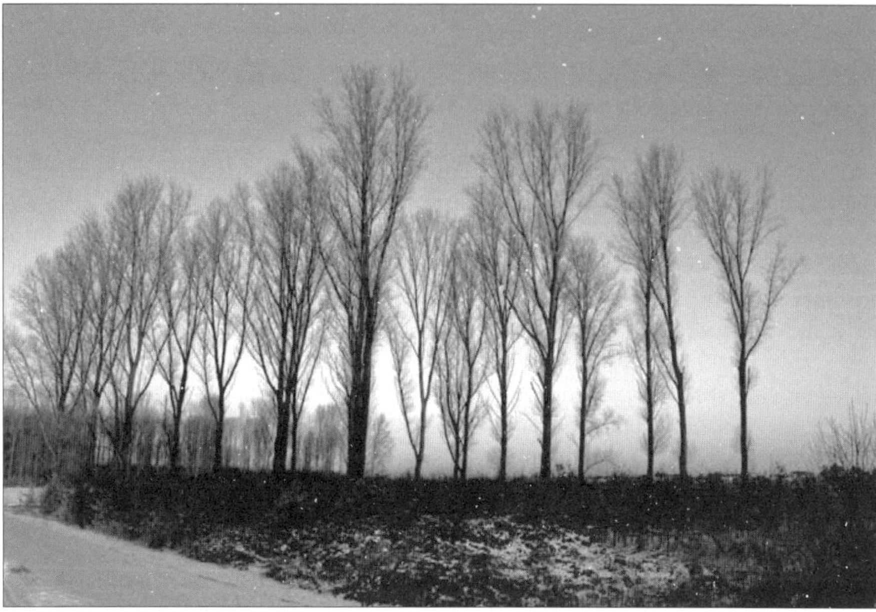

»Da gibt es etwas, das wir von einem Regensturm lernen. Wenn du von einem plötzlichen Schauer getroffen wirst, versuchst du, nicht nass zu werden, und rennst schnell die Straße entlang. Wer das so macht, wird nass, auch wenn er unter das Dach eines Hauses schlüpft. Wenn du die Möglichkeit von Anfang an akzeptierst, wirst du nicht davon überrascht sein, obwohl du ebenso klatschnass wirst. Dieses Verständnis gilt für alle Dinge.«
Hagakure

Fehldeutung

Zwei Brüder mit Namen Yin und Yang waren Taos Novizen und dazu da, Golfspieler in die Kunst des ZEN-Golfspiels einzuweisen. Der ältere Bruder war schnell und intelligent. Der jüngere war viel langsamer und hatte nur ein Auge.

Eines Tages kam eine Gruppe durchreisender Golfspieler zu den Brüdern, um Anleitung für ihr Spiel zu erhalten. An diesem Tag war der ältere Bruder erschöpft vom vielen Unterrichten, also bat er seinen jüngeren Bruder, das zu übernehmen.

»Geh bitte und übernimm den Unterricht, doch verhalte dich leise«, wies er ihn an. Also nahm der jüngere Bruder die Schüler und ging zum Übungsrasen, um wortlos mit dem Unterricht zu beginnen. Bald darauf kamen die Schüler zum älteren Lehrer herein und sagten: »Dein Bruder ist ein wunderbarer Begleiter. Er lehrte uns so viel.«

»Erzähle mir, wie der Dialog verlief«, fragte er einen der Schüler. »Nun«, erklärte der junge Mann, »wir vereinbarten, ohne Worte zu kommunizieren. Zuerst hob ich einen Finger, der den Fortschritt darstellte. Daraufhin hielt er zwei Finger hoch, um mir anzudeuten, dass es einen Fortschritt und ein Ergebnis gab. Dann hob ich drei Finger für den Prozess, seine Lehre und das Ergebnis des Zusammenwirkens. Dann zeigte er mir die geballte Faust, die anzeigte, dass alle drei dabei waren, deshalb sei der Unterricht vorbei, und ich solle gehen.«

Ein paar Minuten später trat der jüngere Bruder ein und fragte: »Wo sind sie?«

»Sie sind gegangen, aber einer hat mir erzählt, dass du ihm die wesentlichen Grundlagen des ZEN-Golfspiels lehrtest«, sagte sein Bruder.

»Die Grundlagen? Keinesfalls!«
»Warum?«, fragte sein Bruder. »Erzähle mir, wie der Unterricht verlief.«

»Zuerst hob er einen Finger, beleidigte mich, indem er mir vorhielt, dass ich nur ein Auge habe. Weil er ein Fremder war, dachte ich, ich sollte höflich zu ihm sein, also hielt ich zwei Finger hoch, um ihm zu seinen zwei Augen zu gratulieren. Dann hob er unhöflich drei Finger, die mir bedeuteten, dass wir zusammen nur drei Augen haben. Also wurde ich wütend und wollte auf ihn losgehen, doch er rannte weg und so endete es!«

Jeder von uns sieht die Dinge aus verschiedenen Perspektiven. Es ist weise, so viel Feedback wie möglich von den verschiedenen Perspektiven aufzunehmen. Wenn du das Einlochen übst, dann mache es dir zum Ritual, deinen Blick erst mal um 360 Grad zu wenden, bevor du dich für den endgültigen Putt entscheidest. Dadurch gibst du dir selbst die beste Möglichkeit, auch wirklich einzulochen.

33

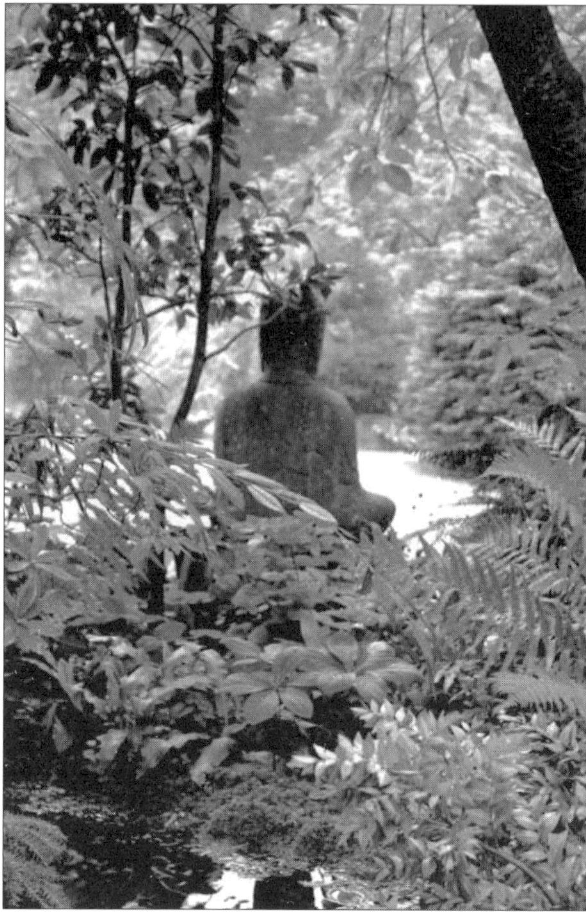

»Es gibt keine Dinge wie Fehlschläge, nur Fehler.
Fehler sind falsche Entscheidungen, die in Ordnung gebracht werden können. Es gibt keine solchen Dinge wie Probleme, nur Herausforderungen, die nicht angegangen wurden.«
Anonym

Das Geheimnis des Erfolgs

Ein junger Golfspieler fragte Tao: »Meister, was ist das Geheimnis deines Erfolges?« Tao: »Zwei Worte.«

»Und, Meister, welche sind das?« Tao: »Richtige Entscheidungen.«

»Und wie machst du richtige Entscheidungen?«, fragte der Mann. Tao: »Ein Wort.«

»Und, Meister, welches ist es?« Tao: »Erfahrung.«

»Und wie bekommst du Erfahrung?« Tao: »Zwei Worte.«

»Und, Meister, welche sind das?« Tao: »Falsche Entscheidungen.«

Verstehe, dass es beim Lernen nicht darum geht, ob es richtig oder falsch ist, Erfolg oder Fehlschlag. Es ist einfach nur Lernen. Gib dir selbst zum Lernen die Zeit und den Raum, ohne deinem eigenen Weg zu viel Beurteilung, Selbstkritik oder zu viele Erwartungen beizumessen.

34

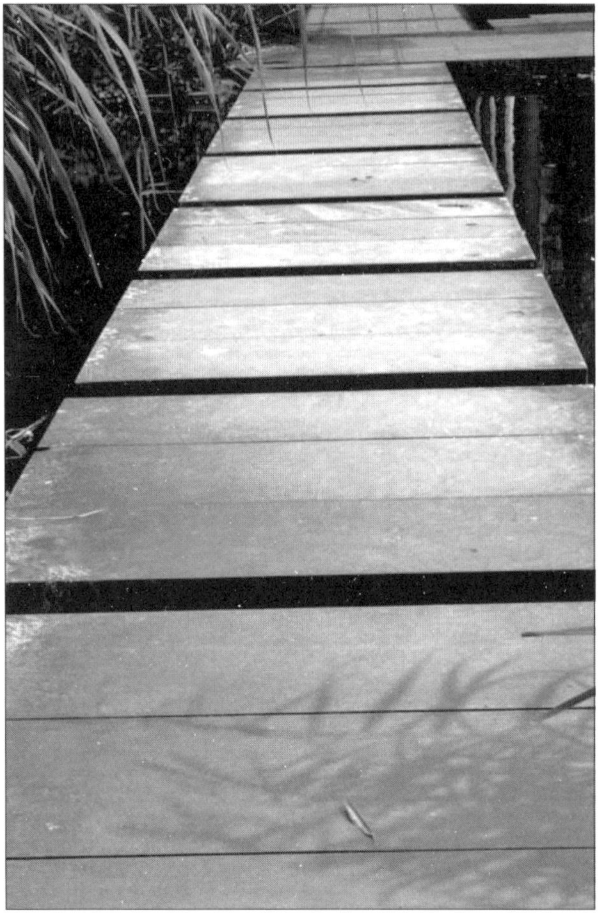

»Stille ist der wahre Freund, der dich niemals betrügt.«
Konfuzius

Änderungen passieren eben

Tao begleitete einen seiner Schüler zu verschiedenen Golfturnieren. Im ersten Turnier führte der junge Golfspieler nach 12 Löchern, verlor die Konzentration, schlug einige Schläge daneben und verpasste somit den Cut. Im zweiten Turnier passierte fast das Gleiche und wieder schaffte er nicht den Cut. Nach dem dritten Vorfall nahm Tao den Novizen zur Seite und erzählte ihm eine Geschichte von Veränderung.

»Veränderungen passieren in Etappen«, sprach Tao, »und so sehen sie aus:

Etappe 1 Du gehst eine Straße entlang. Auf dem Bürgersteig ist ein tiefes Loch. Du fällst hinein. Es dauert ewig, da wieder herauszukommen. Es ist nicht dein Verschulden.

Etappe 2 Du gehst die gleiche Straße entlang. Du fällst wieder in das Loch. Es dauert wieder lange, ehe du dort rauskommst. Es ist dein Verschulden.

Etappe 3 Du gehst die gleiche Straße entlang. Du fällst wieder in das Loch. Es wird zur Gewohnheit. Es ist dein Verschulden. Du kommst sofort wieder heraus.

Etappe 4 Du gehst die gleiche Straße entlang. Du siehst das tiefe Loch und du gehst außen herum.

Etappe 5 Du gehst eine andere Straße entlang.«

Nachdem der Schüler die Geschichte gehört hatte, verstand er – und sein Spiel verbesserte sich zusehends.

Einen Fehler einmal zu machen, gibt dir die Möglichkeit, daraus zu lernen, aber den gleichen Fehler ein zweites Mal zu machen und ein anderes Ergebnis zu erwarten, ist unklug. Dann ist es wirklich ein Fehler. Der erste Schritt, um eine Veränderung zu machen, ist Bewusstheit. Sei dir des Geschehenen bewusst, dann kannst du aus der Erfahrung lernen. Nur dann ist es möglich, die Wahl zu treffen, die dir den größten Vorteil verschafft, um dein Ziel zu erreichen.

35

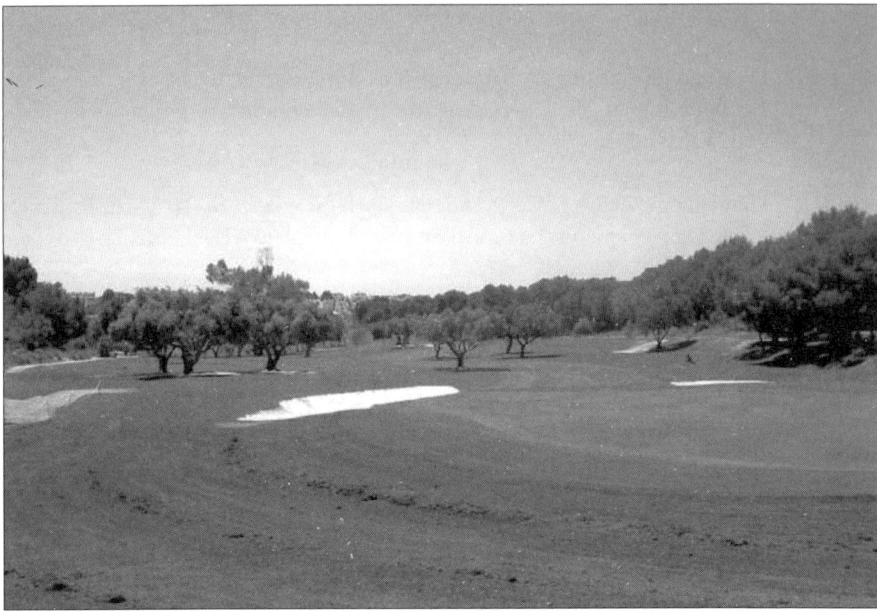

»Wenn ich dir die Antwort verrate,
betrüge ich dich um eine Lernerfahrung.«
Ein ZEN-Meister

Lernen durch Handeln

Ein junger Golfspieler übte in Taos Nähe das Putten. Der Meister übte zur gleichen Zeit – und der Golfer bemerkte, dass dieser nicht allzu viele Putts versenkte, doch nach jedem Putt lächelte und mit der Übung fortfuhr.

Nach kurzer Zeit bemerkte der junge Mann, dass Tao inzwischen fast jeden einzelnen Putt versenkte. Er fragte: »Wie wurdest du so schnell so gut?«

»Das war nicht schwer«, sagte der Lehrer, »die ganze Zeit über konzentrierte ich mich darauf, die Putts auszuführen, und nicht, sie zu versenken. Das bedeutete, dass nach jedem Putt, den ich traf – und ich traf fast alle – das Vertrauen in meine Putts wuchs und wuchs. Bald darauf wurde es leicht, Putts einzulochen, weil ich bedingungsloses Vertrauen in mein Putting entwickelt hatte. Indem ich fast alle ausführte, erhöhte sich allmählich meine Fähigkeit, immer mehr von ihnen einzulochen.«

Es ist weise, dein Vertrauen auf etwas zu bauen, das du kannst, statt auf ein Ergebnis, bei dem so viele Faktoren außerhalb deiner Kontrolle für den Erfolg nötig sind. Bereite dich vor, so gut du kannst. Dann lege dich auf den Schlag fest und führe ihn nach dem Besten deiner Fähigkeiten aus, denn dann war dein Putt erfolgreich, egal ob der Ball ins Loch rollt oder nicht. Denke daran, dich um den Prozess zu kümmern, dann kommt der Rest von selbst.

36

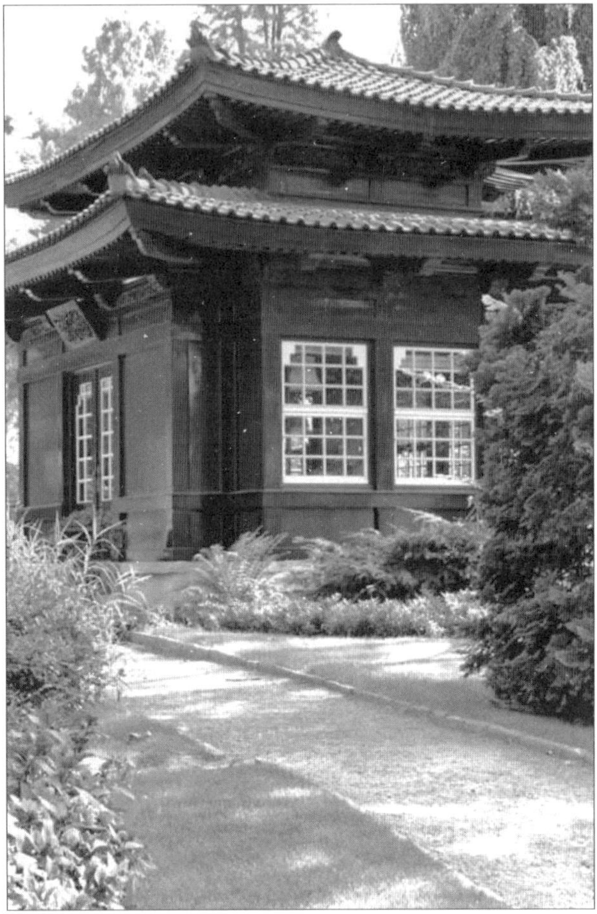

»Was wir denken, das sind wir. Wir bauen, was wir sind,
durch unsere Gedanken.
Mit unseren Gedanken gestalten wir die Welt.«
Unbekannter Autor

Der Vorteil, Entscheidungen zu treffen

Tao unterrichtete einen Golfer über den Vorteil, Entscheidungen zu treffen. Während sie in der Lounge des örtlichen Golfclubs saßen, erklärte Tao dem Mann, dass an der Tür zum Clubhaus drei Männer stünden. »Jeder Mann hat eine spezielle Fähigkeit. Ich möchte, dass du sie bittest, hereinzukommen und sich uns anzuschließen.« Der Golfer ging hinaus und bat die Männer herein.

Einer der Männer erklärte: »Er ist ›Lernen‹, der ist ›Erfolg‹«, er deutete auf die beiden anderen, »und ich bin ›Freude‹. Wir werden nicht gemeinsam in das Clubhaus gehen. Gehe zu deinem Meister zurück und entscheide, welchen von uns du mitnehmen willst.«

Der junge Mann ging hinein und beriet sich mit Tao. »Was soll ich tun?«
»Entscheide, welcher deinen Bedürfnissen am besten dienen wird«, sprach Tao.
»Ich lade ›Lernen‹ ein, er hat alles, was wir brauchen!« Der Lehrer empfahl ihm, noch einmal darüber nachzudenken. »O.k., dann lade ich ›Erfolg‹ ein. Wäre das nicht eine gute Entscheidung?«
»Vielleicht nicht«, sagte der Lehrer.
»Dann ist alles, was mir übrig bleibt, ›Freude‹ einzuladen!«

Also ging er hinaus und lud »Freude« ins Clubhaus ein. »Freude, bitte komm herein und sei unser Gast!« »Freude« stand auf und begann, auf die Tür des Clubhauses zuzugehen. Die anderen beiden standen ebenfalls auf und folgten ihm.

Überrascht fragte der junge Mann »Lernen« und »Erfolg«: »Ich habe nur ›Freude‹ eingeladen. Warum kommt ihr mit herein?« Die beiden Männer erwiderten:

»Hättest du einen von uns eingeladen, wären wir allein hineingegangen, doch weil du ›Freude‹ eingeladen hast, folgen wir ihm überall nach, wohin er geht.«

Als er zu Tao mit den drei Männern zurückkehrte, lächelte der Meister und sagte zu seinem Schüler: »Nun verstehst du. Wo immer Freude ist, dort werden auch Lernen und Erfolg sein!«

Nach einer Übungseinheit auf der Driving Range oder einer Runde auf dem Platz bewerte dein Absolviertes nicht nur danach, wie erfolgreich du warst oder wie viel du dazugelernt hast, sondern auch danach, wie viel Freude du hattest. Wenn dein Fokus nur auf Ergebnissen liegt, dann bedenke, dass dort Angst lauert, und Angst ist der schlimmste Feind eines Golfspielers.

37

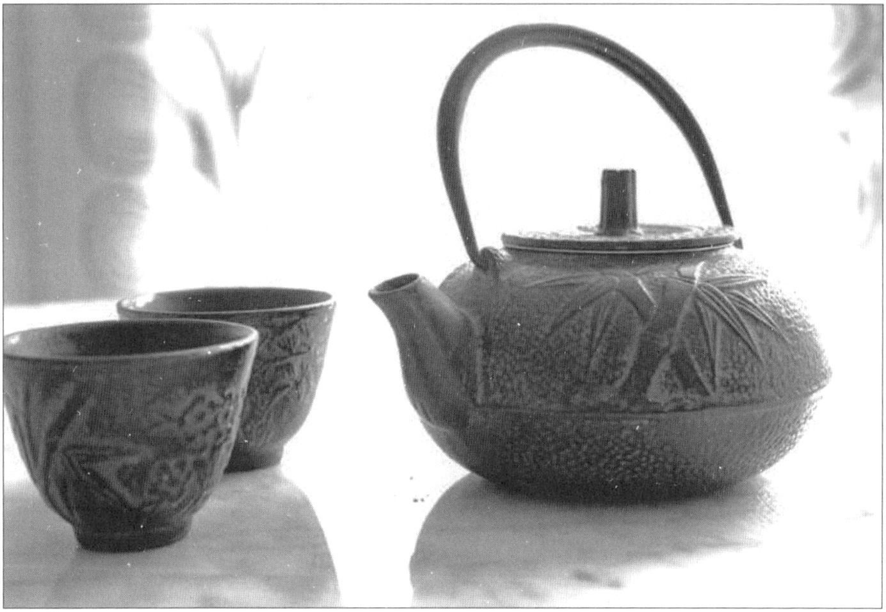

»Der einzig wahre Fehler im Leben ist es,
nicht ehrlich zu dem zu sein, den wir am besten kennen.«
Aussprach des ZEN

Suche Perfektion in allem, was du tust

Tao bemerkte, dass einer seiner Lieblingsnovizen immer zur Driving Range ging, um dort Hunderte und Hunderte von Bällen zu schlagen, tagein, tagaus. Eines Tages fragte ihn der Meister, was er da täte.

Der Junge antwortete: »Ich möchte ein großer Golfspieler sein, also muss ich so viele Bälle schlagen, wie ich nur kann.«

Tao hielt einen Augenblick lang inne, denn er überlegte, wie er ihm dabei helfen könnte zu verstehen, dass Qualität wichtiger ist als Quantität.

»Ich kannte einmal einen Meister der Teezeremonie«, fuhr Tao zu sprechen fort. »Während er Tee in seinem Teehaus servierte, verschüttete er versehentlich Tee über einen Samuraikrieger. Der Meister entschuldigte sich schnell, doch der sehr stolze und ungeduldige Soldat verlangte, die Angelegenheit in einem Duell auszutragen. Der Teemeister, der keine Erfahrung im Schwertkampf besaß, ging und fragte einen weisen, älteren Teemeister um Rat, der selbst einmal ein Samurai gewesen war. Dieser bat ihn, ihm Tee zu servieren. Als er dies tat, bemerkte der alte Mann, wie der junge Teemeister seine Kunst mit vollkommener Konzentration und Gelassenheit ausübte.

›Morgen, wenn du dich mit dem Soldaten duellierst, halte deine Waffe über deinen Kopf, als wärst du zum Angriff bereit. Stehe ihm mit der gleichen Konzentration und Gelassenheit gegenüber, mit der du gerade die Teezeremonie ausgeführt hast.‹

Am nächsten Tag, zur vereinbarten Zeit und am Ort des Duells, befolgte der junge Mann den Rat des alten Samurai. Der Soldat, bereit zum Hieb, starrte lange Zeit in das aufmerksame, doch ruhige Gesicht des Teemeisters. Schließlich senkte er sein Schwert, entschuldigte sich für seine Arroganz und ging von dannen, ohne selbst einen Angriff ausgeführt zu haben.«

KonZENtriere dich mehr als alles andere auf die Qualität jeder Sache, die du tust – von der Vorbereitung bis zur Ausführung deiner Schläge.

38

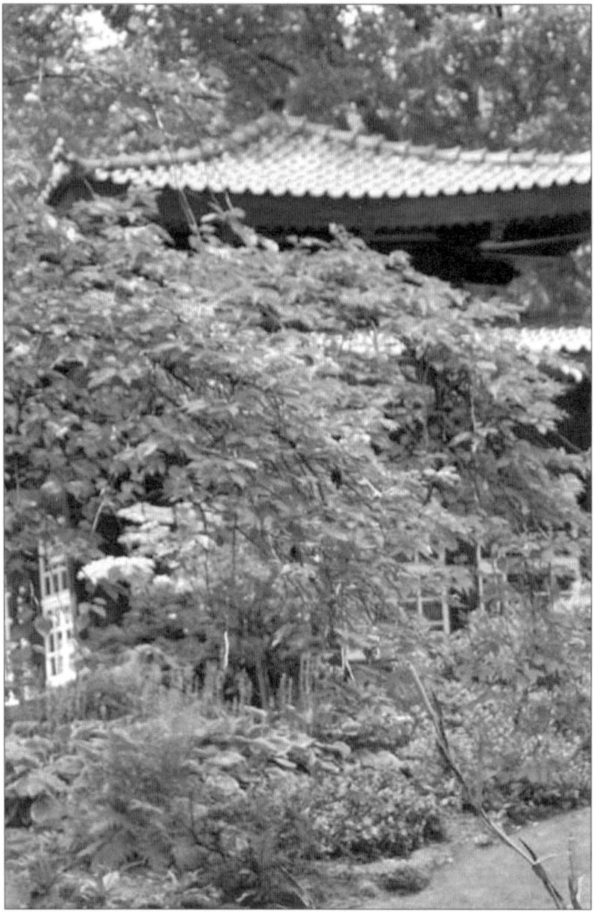

»Es gibt sicher nichts anderes als die Bestimmung des
gegenwärtigen Augenblicks. Das ganze Leben eines Menschen
ist eine Aufeinanderfolge von Momenten.
Wenn einer den gegenwärtigen Augenblick vollständig versteht,
dann gibt es nichts anderes zu tun
und nichts anderes gilt es zu erstreben.«
Hagakure

Vergleich

Ein sehr namhafter Golf-Profi kam, um Tao zu besuchen. Der Mann war sehr stolz und ein wenig arrogant. Als er Tao sah, wurde er sich der Gemütsruhe des Meisters bewusst und der Anmut seiner Bewegung, wenn er spielte. Unvermittelt fühlte er sich unterlegen. Vielleicht, kam ihm in den Sinn, war er mit dem unbewussten Wunsch hergekommen, seine Überlegenheit zu testen. Weil er etwas verunsichert war, fragte er Tao: »Warum fühle ich mich so unterlegen? Noch vor einem Augenblick war alles in Ordnung. Als ich deine Gegenwart gespürt habe, da fühlte ich mich plötzlich klein, und meine Hände zittern. Ich bin ein Golf-Profi und habe viele Spiele gewonnen, wo ich schon mit einer Niederlage gerechnet hatte. Und selbst dann habe ich niemals irgendwelche Furcht verspürt. Wieso fühle ich mich jetzt so eingeschüchtert?«

Der Meister sprach: »Komm heraus.«

Es war eine Vollmondnacht, und der Mond erhob sich gerade über dem Horizont. Er sagte: »Schau diese Bäume an, diesen Baum hoch in der Luft und diesen kleinen Baum. Sie beide wuchsen seit Jahren Seite an Seite neben dem Clubhaus und es gab niemals irgendwelche Probleme. Der kleine Baum sagte nie ›Warum fühle ich mich dir so unterlegen?‹ zu dem großen Baum. Wie ist das möglich? Dieser Baum ist klein und dieser Baum ist groß. Ich hörte sie niemals so etwas flüstern.«

Dem jungen Mann ging ein Licht auf und er sagte: »Weil sie sich nicht vergleichen können.« Tao nickte zufrieden: »Siehst du, du musst mich nicht fragen. Du kennst die Antwort.«

Jeder Mensch ist einzigartig. Die Frage, ob jemand überlegen oder unterlegen ist, stellt sich nicht. Menschen sind verschieden. Wir sind, wer wir sind, und das ist gut so.

39

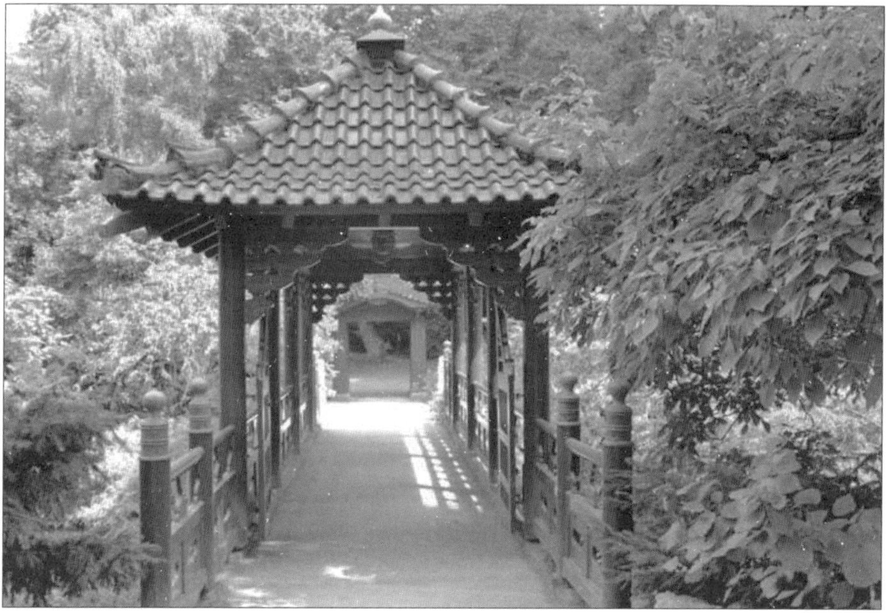

»Ein weiser Mann trifft seine eigenen Entscheidungen;
ein ignoranter Mann folgt der öffentlichen Meinung.«
Chinesisches Sprichwort

Nur eine Sammlung von Meinungen

Nachdem ein ehemaliger Schüler Taos den Cut in einem Turnier seines Heimatclubs verpasst hatte, besuchte dieser seinen Lehrer, um zu erzählen, was geschehen war. Er begann mit den Worten: »Meister, bei solch einem schlechten Ergebnis, was soll ich meinen Eltern sagen und was werden die anderen über die Art meines Spiels sagen?«

Tao bemerkte das Dilemma des jungen Mannes und versuchte ihm dabei zu helfen, zu verstehen, welch negative Energie sich entwickelt hatte. Wie so oft fiel ihm eine passende Geschichte ein, die Geschichte von Tzu, dem großen ZEN-Meister.

In einem Dorf, in dem Tzu, der ZEN-Meister lebte, wurde ein Mädchen schwanger. Ihr Vater zwang sie, den Namen des Kindsvaters preiszugeben. Um der Bestrafung zu entkommen, sagte sie ihm, es sei Tzu, der ZEN-Meister.

Der Vater des Mädchens sagte nichts mehr. Doch als die Zeit kam und das Kind geboren wurde, brachte er das Baby sofort zu Tzu, damit er sich darum kümmern konnte. »Es scheint so, als sei das dein Kind«, sagte er und beleidigte ihn auf jede nur erdenkliche Weise wegen des Geschehenen. Tzu sagte nur: »Oh, ist das so?« und nahm das Baby in seine Arme.

Tzu nahm das Baby mit sich, wo immer er hinging, eingewickelt in die Ärmel seiner alten Robe und kümmerte sich rührend um das Neugeborene. Trotz verregneter Tage und stürmischer Nächte ging er hinaus, um für das Kind um Milch zu bitten.

Viele seiner Schüler verloren den Respekt vor ihm, wandten sich von ihm ab und verließen ihn. Und Tzu sprach kein Wort. Inzwischen konnte die Mutter die Qual nicht länger ertragen, von ihrem Kind getrennt zu sein, und benannte den Namen des wahren Kindsvaters. Ihr Vater eilte zu Tzu. Er fühlte sich scheußlich und bat ihn um Vergebung für einen solch fürchterlichen Fehler. Tzu sagte nur: »Oh, ist das so?« und gab ihm das Kind zurück.

Was auch immer andere von dir denken, ist nichts als eine Ansammlung ihrer Ansichten. Doch wenn du diesen Ansichten Bedeutung beimisst, wirst du eine Marionette und nicht dein eigener Meister. Besser du bildest dir deine eigene Meinung darüber, wie du spielst, und inspirierst dich selbst, um der Beste zu werden, der du sein kannst.

40

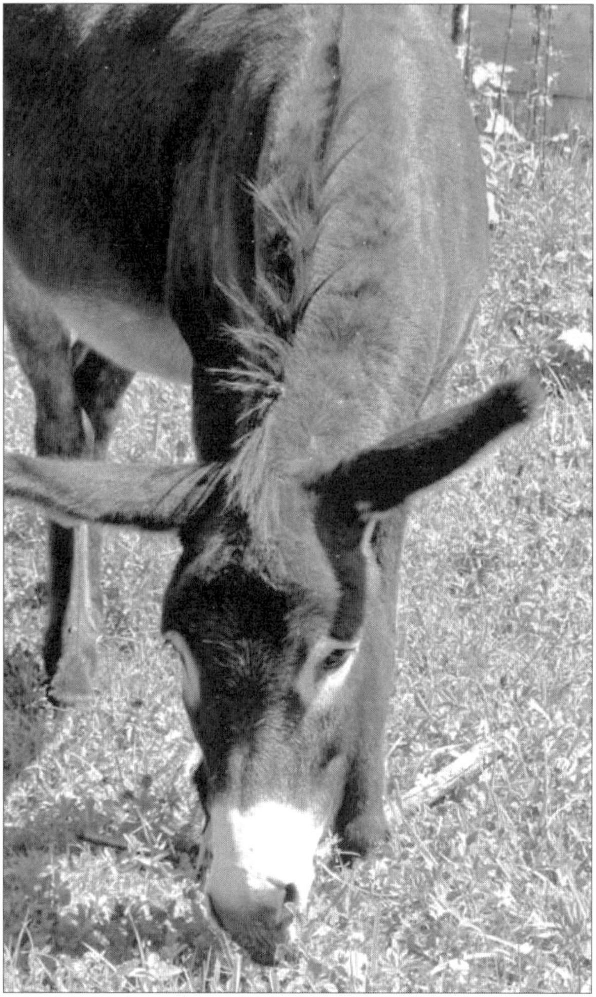

»Geh nicht immer auf dem vorgezeichneten Weg,
der nur dahin führt, wo andere bereits gegangen sind.«
Chinesisches Sprichwort

Tue, was du für richtig hältst

Ein älterer Golfspieler kam, um sich Rat bei Tao zu holen. Er sagte, er hätte eine Menge über Golftechniken gelesen und Unterricht bei einigen anerkannten Golflehrern genommen. Sie alle sagten, er solle dies nicht tun oder das so machen, mit dem Ziel, sein Spiel zu verbessern und zu lernen, wie er die richtigen Schläge zur richtigen Zeit machen konnte.

»Tao«, sagte der Mann, »ich bin so durcheinander, dass ich fast nicht mehr weiß, welches Ende des Schlägers ich halten soll.«

Tao antwortete: »Weißt du, da gab es einmal einen Freund von mir, der hatte einen Sohn und einen Esel. Eines Tages beschloss er, mit seinem Sohn und seinem Esel in die Stadt zu gehen. Es war ein heißer Tag, und nach kurzer Zeit wurde er müde. Also sprang er auf den Esel, während sein Sohn glücklich neben ihnen her spazierte. Dann bemerkte ein Passant beiläufig: ›Sieh nur, dieser Mann reitet auf dem Esel und lässt seinen armen Jungen laufen.‹ Also stieg mein Freund ab und setzte seinen Sohn auf den Esel.

Wenig später rief ein anderer Passant aus: ›Schau nur, wie der Sohn auf dem Esel sitzt, wie ein Prinz – und sein armer, alter Vater muss laufen.‹ Also saß er auf dem Esel hinter seinem Sohn auf. Nach nur wenigen Schritten bemerkte jemand anderer: ›Schau dir die zwei an. Was ist das für eine Art, ein Tier zu behandeln?‹ Also stiegen sie beide ab und liefen neben dem Esel weiter. Schließlich sagte ein Passant grinsend: ›Wie dämlich kann einer sein, einen Esel zu besitzen, wenn der ihn nirgendwo hinbringt.‹«

Im Golf wie im Leben tendieren wir dazu, eine Menge davon anzuhören, was andere zu sagen haben. Ein Mensch, der sich verbessern möchte, hungert nach gutem Ratschlag oder konstruktiver Kritik. Doch denke am Ende des Tages daran, dass du mit den Entscheidungen leben musst, die du getroffen hast. Füge die Dinge, die andere sagen, dem Menü hinzu, doch entscheide vorher selbst, welche Mahlzeit deinen Appetit trifft.

41

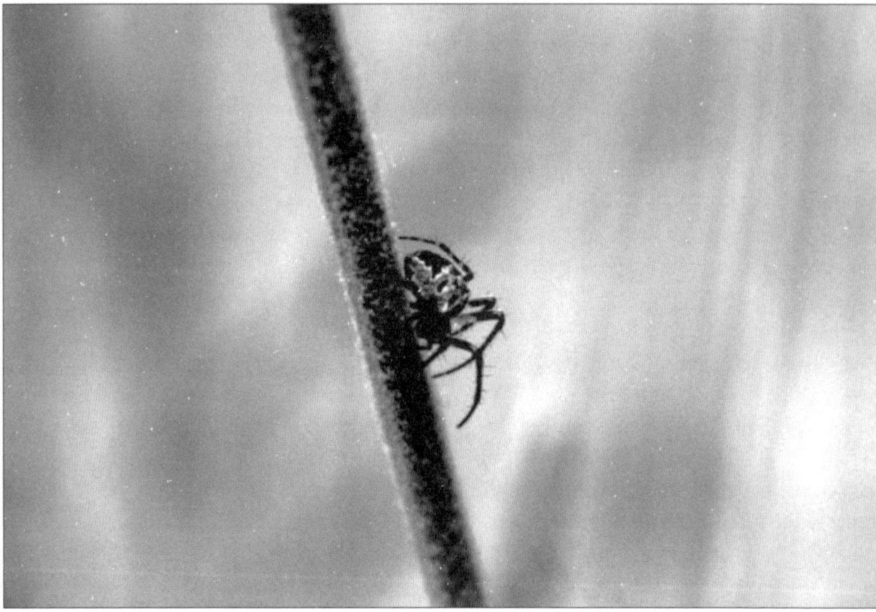

»Sich selbst zu genügen, ohne von irgendwelchen
äußeren Dingen abhängig zu sein,
nennt man Tugend.«
Han Yu

Wir hören nur, was wir hören wollen

Tao ging mit einem seiner Schüler durch den Jubel der »British Open«. Sie waren gerade auf dem Weg zum Clubhaus, als Tao stoppte: »Nur einen Augenblick, ich glaube, ich höre etwas.«

Er schaute auf den Boden und drehte ein Blatt auf dem Weg um, unter der eine Grille saß, die glücklich zirpte.

»Das ist unglaublich. All die Menschen ringsum an diesem umjubelten Ort zu dieser Zeit, sie alle eilen von einem Platz zum nächsten – und nur du allein hast die Grille zwischen all den Geräuschen herausgehört.«

»Mein Freund«, sprach Tao, »ich lernte vor langer Zeit, dass Menschen im Leben nur das hören, was sie hören möchten. Die Geräusche ringsum haben sich in den vergangenen Momenten weder gesteigert noch verringert, das ist richtig, doch sieh her.« Als er seinen Satz beendete, ließ er eine Münze aus seiner Tasche auf den Weg fallen und zur Überraschung des Jungen hielt jeder innerhalb einer großen Hörweite an und drehte sich um.

Menschen schauen, doch sie sehen nicht. Sie sprechen, doch sie sagen nichts. Sie hören, doch sie hören nicht hin. Sie fühlen, doch sie empfinden nichts. Dich in Aufmerksamkeit zu üben bedeutet: Wenn du abschlägst, dann schlage ab. Wenn du einlochst, dann loche ein. Und dann, wenn du Golf spielst, dann wirst du Golf spielen.

42

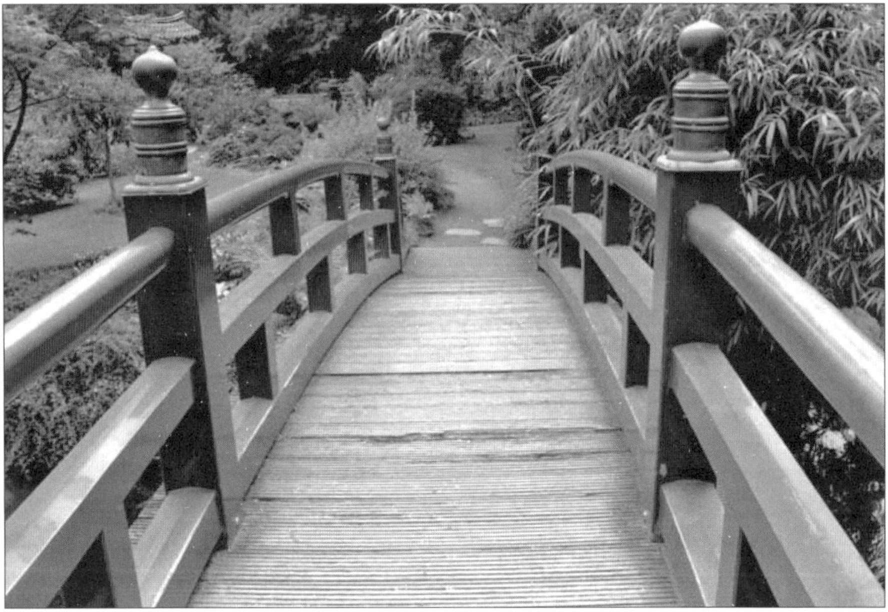

»Du wirst nicht für deinen Zorn bestraft; du wirst von deinem Zorn bestraft.«
Siddharta Gautama

Zorn richtet mehr Schaden an, als wir denken

Meister Tao hatte einen Schüler, der ein Problem damit hatte, sein Temperament zu zügeln. Eines Tages vor dem Training gab er dem jungen Mann einen Beutel voller Nägel und sagte ihm, er solle jedes Mal, wenn ihm sein Temperament durchginge, einen Nagel in die Rückseite des Zaunes hinter dem Clubhaus schlagen.

Am ersten Tag hatte der Junge 40 Nägel in den Zaun geschlagen. Dann allmählich wurden es weniger und weniger, weil es ihm leichter fiel, sein Temperament zu zügeln, als Nägel in den Zaun zu schlagen. Wahrscheinlich würde der junge Mann nie mehr die Kontrolle über sein Temperament verlieren.

Der junge Mann ging zu Tao und erzählte ihm, dass er nicht länger Nägel in den Zaun schlagen müsse. Tao empfahl dem Jungen, nun jeden Tag einen Nagel herausziehen, an dem er sein Temperament zügeln konnte.

Die Tage vergingen. Der junge Mann konnte seinem Lehrer schließlich berichten, dass alle Nägel draußen wären. Da ging Tao mit dem jungen Spieler zum Zaun und sagte: »Du hast das gut gemacht, doch schau dir diese Löcher an, die im Zaun zurückgeblieben sind. Der Zaun wird nie wieder der gleiche sein. Achte gut auf deine Denkweise, achte gut auf deine Worte und sei sorgsam mit deinen Handlungen, ganz besonders im Zorn, denn sie hinterlassen Narben wie diese hier!«

Unsere Art zu denken beeinflusst, wie wir handeln. Unser Handeln sind die Eindrücke, die wir in unserem Kopf und den Köpfen der anderen hinterlassen.

43

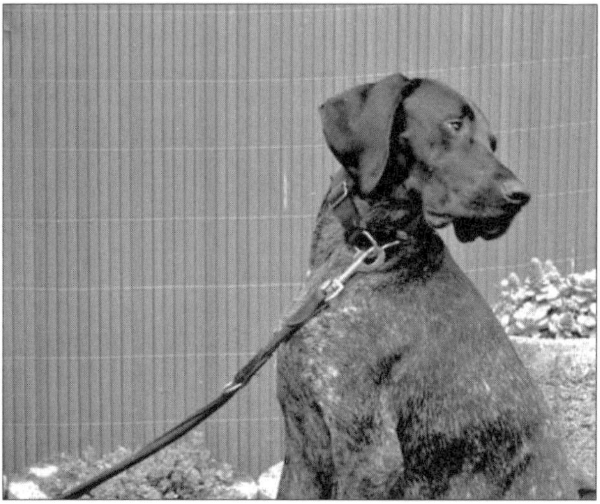

»Der Ausgang ist bei allen Dingen wichtig.«
Hagakure

Vertraue dem Schicksal, doch binde zuerst deinen Hund fest

In Taos Akademie gab es einen sehr talentierten, jungen Golfspieler. Dieser versuchte immer, seinen Schwung zu kontrollieren und den Ball in Richtung Ziel zu steuern. Tao hatte ihm oft erklärt, er solle sich vorbereiten, Schwung holen und dann Vertrauen haben. Doch sein negatives mentales Programm, immer alles unter Kontrolle haben zu wollen, saß tief.

Er erzählte dem jungen Mann von der Zeit, als er mit seinem Meister auf Reisen war. Tao war dafür verantwortlich, den Hund seines Meisters zu versorgen. Eines Abends kamen sie sehr spät bei einem Kloster an. Sie beide waren sehr müde, und Tao war dafür verantwortlich, den Hund festzubinden; doch er tat es nicht. Stattdessen bat er einfach das Schicksal, auf den Hund aufzupassen, ließ den Hund draußen und schlief ein.

Am Morgen war der Hund verschwunden. Vermutlich hatte er etwas gejagt oder war einfach fortgelaufen. Taos Meister fragte: »Was ist mit meinem Hund passiert? Wo ist er?« Er antwortete: »Ich weiß es nicht. Ich bat das Schicksal, es solle sich um den Hund kümmern, da ich zu müde dazu war. Nicht nur einmal, ich sagte es ihm öfter: ›Schicksal, du bist nun für den Hund verantwortlich.‹ Meister, du hast mich gelehrt: ›Vertraue dem Schicksal.‹ Also habe ich ihm vertraut. Nun sieh, was passiert ist.«

Der Meister sagte: »Ja, vertraue dem Schicksal, doch binde zuerst den Hund fest, denn das Schicksal hat keine anderen Hände als deine. Also, binde den Hund fest, und dann vertraue dem Schicksal.«

»Wieso muss ich dem Schicksal vertrauen, wenn ich vorher den Hund festgebunden habe?«, fragte Tao. Der Meister antwortete: »Weil auch ein festgebundener Hund gestohlen werden kann.«

Entspanne dich und vertraue einfach dem Schicksal. Zu tun, was immer du kannst, macht das Ergebnis nicht sicher, denn es gibt keine Garantien. Tu einfach, was du kannst, und akzeptiere, was auch immer geschieht, und mache weiter.

44

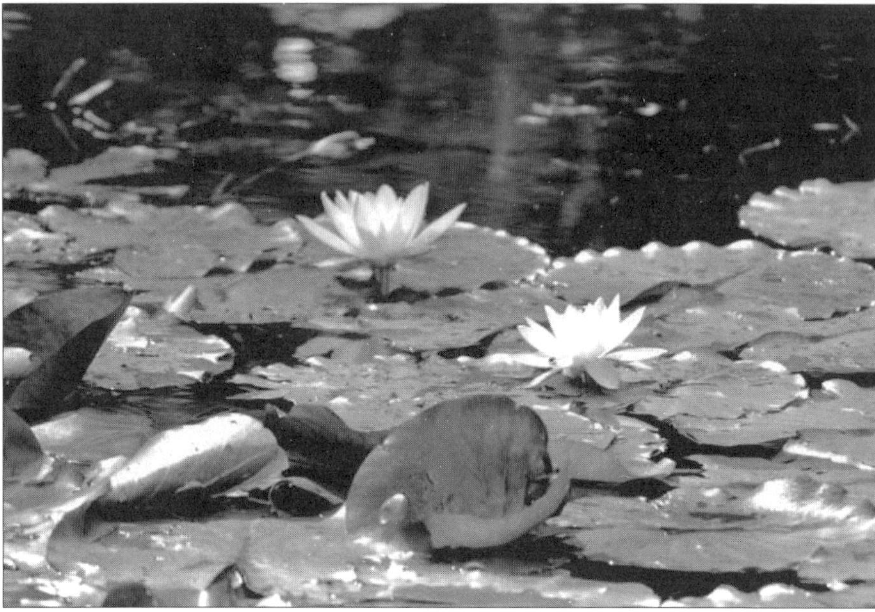

»Eine Blume welkt trotz unserer Fürsorge,
und ein Unkraut wächst, obwohl wir uns nicht darum kümmern.«
Chinesisches Sprichwort

Die Herausforderungen des Lebens

Ein Schüler von Tao spielte in einem Turnier und schien sehr nervös zu sein, denn er hatte den Cut der letzten fünf Turniere verpasst. Als Tao das bemerkte, beschloss er, dem jungen Mann eine Geschichte zu erzählen: »Weißt du, vor vielen Jahren hatte mein Lehrer ein sehr wertvolles Pferd, dessen Rasse sehr selten war. Eines Morgens war das Pferd verschwunden. Vielleicht hatte es jemand gestohlen. Die Dorfbewohner kamen, um dem Lehrer ihre Anteilnahme zu bekunden.

Sie sagten: ›Was für ein Pech! Du könntest ein vermögender Mann sein bei so vielen Angeboten, die du für das Pferd bekommen hast. Aber du warst zu dickköpfig – und jetzt ist es fort.‹ Doch mein Lehrer lachte nur und sagte: ›Was morgen geschieht, kann keiner wissen. Momentan ist das Pferd lediglich nicht mehr in seinem Stall, vielleicht kommt es ja zurück.‹ Fünf Tage später kam das Pferd tatsächlich zurück – und nicht nur das, es brachte zwölf wilde Pferde mit sich. Die Nachbarn kamen wieder vorbei und sagten: ›Gratulation, jetzt hast du so viele Pferde, du bist ein reicher Mann!‹ Mein Lehrer schüttelte nur den Kopf und sagte: ›Ihr habt immer noch nicht verstanden. Ich habe jetzt zwar viele Pferde, aber was das für die Zukunft bedeutet, weiß niemand.‹

Einige Tage später versuchte ich, eines der neuen Pferde zu zähmen. Dabei stürzte ich und brach mein Bein. Natürlich tauchten bald wieder die Nachbarn auf und sagten: ›Niemand kann wissen, was die Zukunft bringt, da hast du recht. Doch wissen wir jetzt, dass es ein Unglück war, dass das Pferd zurückgekommen ist, denn dein armer Schüler Tao wird jetzt für den Rest seines Lebens ein Krüppel bleiben.‹ Mein Lehrer antwortete: ›Seid nicht so voreilig! Wartet ab und lasst uns sehen, was passiert. Mein Schüler brach sich das Bein, das ist alles.‹

Zu dieser Zeit befand sich das Land im Krieg. Also kamen die Soldaten der Regierung ins Dorf und zogen alle jungen Männer zur Armee ein. Ich war der Einzige, den sie ließen, weil ich mit einem gebrochenen Bein nicht von Nutzen für sie war. All die Nachbarn kamen wieder zusammen und besuchten meinen Lehrer. Sie jammerten: ›Was für ein Pech, unsere jungen Männer sind fort! Wenigstens hast du deinen Schüler Tao.‹ Doch der alte Mann entgegnete: ›Eure jungen Männer sind von der Regierung geholt worden und Tao wurde zurückgelassen, das sind die Fakten! Doch fangt jetzt nicht an zu bewerten, ob dies gut oder schlecht ist, denn wie ihr gesehen habt, können die Dinge, die zuerst wie eine Katastrophe erschienen, sich plötzlich als das Gegenteil entpuppen und umgekehrt. Also, bleibt ruhig, nehmt zur Kenntnis, was passiert ist, und habt Vertrauen.‹«

Das Problem mit Trauer, Zorn, Angst, Kummer und Elend ist, dass du sie nicht loswirst. Du musst mit ihnen leben, denn du kannst ihnen nicht entkommen. Sie existieren und sind die Situationen, in die das Leben eingebunden werden muss und mit dem du wächst.

45

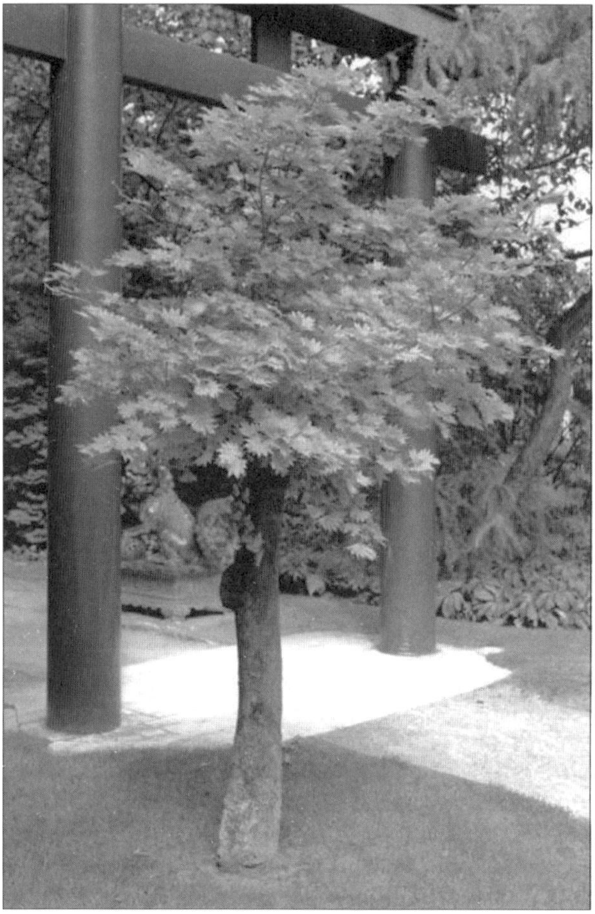

»Alles, was wir sind, ist das Ergebnis dessen,
was wir dachten. Der Geist ist alles.
Was wir denken, werden wir.«
Taoistisches Sprichwort

Denken

Bei einem Golf-Workshop sprach Tao mit einer Anfängergruppe darüber, wie das Denken unser Handeln beeinflusst und wie das wiederum die Ereignisse beeinflusst. Er beschloss, eine Geschichte über den Nozomu-Baum zu Hilfe zu nehmen, um seine Kernaussage zu unterstützen:

»Eines Tages reiste ein Mann in die Berge. Zufällig gelangte er in eine verborgene Gegend, in der ein Baum namens ›Nozomu‹* oder der ›Baum, der Wünsche erfüllt‹ stand. Der Mann war müde und legte sich unter den Baum, um ein Nickerchen zu machen. Als er erwachte, war er hungrig. Also dachte er, wie schön es wäre, etwas zu essen zu haben. Sofort tauchte wie aus dem Nichts Nahrung auf, köstliches Essen. Er begann sofort zu essen und als er sich sehr satt fühlte, entstand ein neuer Gedanke in ihm, er dachte: ›Wenn ich nur etwas zu trinken hätte!‹ Sofort erschienen Wasser und Wein – und während er das Wasser und den Wein trank und in der kühlen Brise unter dem Schatten des Baumes ruhte, tauchte eine Löwengruppe auf. Er erschrak, begann zu zittern und dachte: ›Nun werde ich getötet, sie werden mich töten!‹ Und er wurde getötet.«

* Nozomu ist das Symbol für den Verstand, den ein kreativer Geist mit seinen Gedanken erschafft.

Der Verstand ist wie der Wünsche erfüllende Baum. Was auch immer du denkst, früher oder später erfüllt es sich. Sei kreativ mit deinen Gedanken! Das ist eine der grundlegendsten Wahrheiten, die du verstehen solltest. Alles, was du erfährst, ist das, was du dir als Möglichkeit oder Ereignis vorgestellt hast. Deshalb erschaffe es zuerst, dann erfahre es, nur dann kannst du deinem Spiel vertrauen.

46

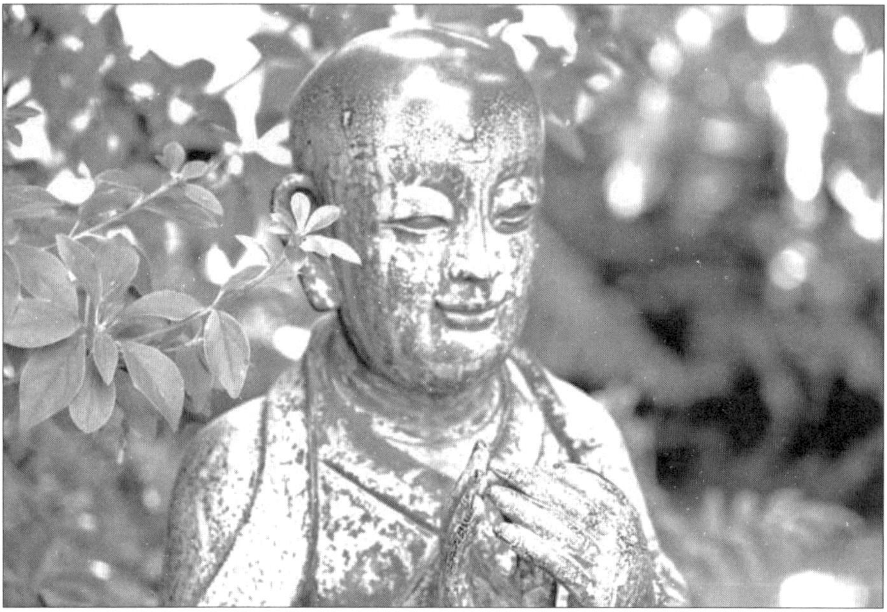

»Glück ist das Fehlen des Strebens nach Glück.«
Chuang Tzu

Auf den Prozess fokussieren

Als Tao eine Runde Golf mit einem sehr entschlossenen und ehrgeizigen Golfer spielte, fiel ihm auf, wie frustriert der wurde, wenn ein Ball mal nicht da landete, wo er wollte. Tao auf der anderen Seite war – wie immer – ruhig, denn seine volle Aufmerksamkeit galt seinem Rhythmus, wenn er einen Ball abschlug. Auch wenn der Ball manchmal etwas zu weit rechts oder links von seinem Ziel landete, so hatte er doch das Gefühl, den besten Schlag gespielt zu haben, den er konnte, und sagte: »Ja, genau so.«

An einem Par drei Loch landete Taos Ball ein paar Zentimeter vor dem Grün, trotzdem sagte er: »Ja, genau so.« Der junge Mann konnte diese Reaktion nicht verstehen und fragte ihn, wie er denn bei einem – in seinen Augen – missglückten Schlag so etwas sagen könne. Tao antwortete: »Ich sage das immer dann, wenn ich alles, was ich mir vorgenommen habe, auch tat. Ich habe den Abschlag gut gemeistert, nur der Ball ist nicht genau da gelandet, wo ich ihn mir gewünscht hätte.«

Beim nächsten Loch – ein Par vier – platzierte Tao den Ball genau in die Mitte des Fairways und endete mit einem Birdie. Auch bei den nächsten Löchern spielte er Birdies und beendete seine Runde mit 4 unter Par. Sein Mitspieler konnte nicht glauben, was er gesehen hatte, und fragte Tao, wie er es nach so einem Start und neun verpatzten Löchern schaffte, die Runde so zu beenden. Dieser antwortete:

»Ich habe mich auf meine Abschläge konzentriert und meinen Fokus nur darauf gelegt, nicht auf das Erreichen eines Ziels. Nachdem meine Abschläge gut waren, hatte ich vorbehaltloses Vertrauen in meinen Schwung, was es später einfach für mich machte, auch die Greens zuverlässig zu treffen und gut einzulochen.«

Wenn wir unser Selbstvertrauen auf das Ergebnis eines Schlages stützen, ist vorbehaltloses Vertrauen unmöglich, und vorbehaltloses Vertrauen ist die Voraussetzung für konstante Performance.

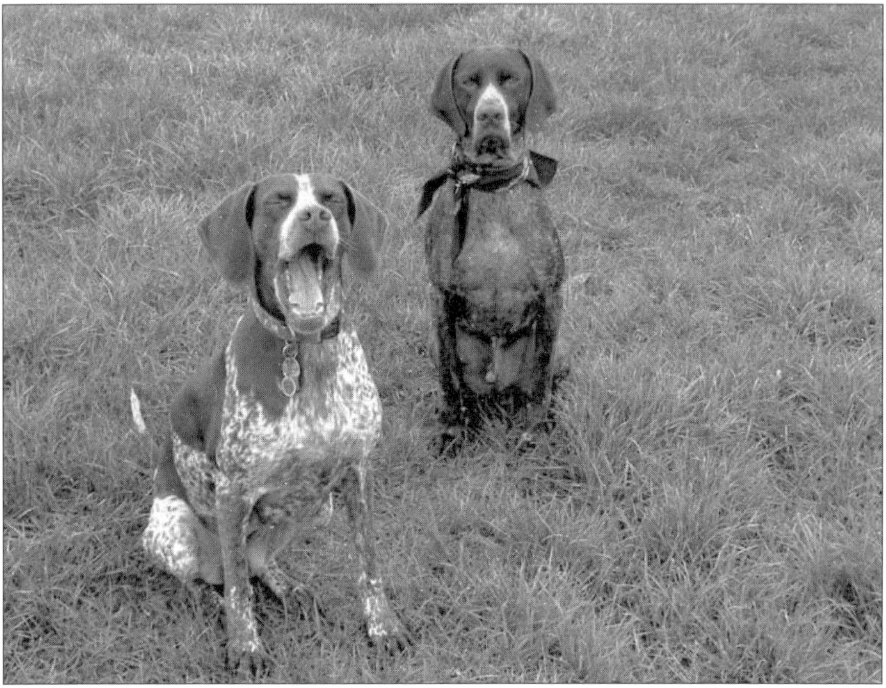

»Am Zorn festzuhalten ist so, als würde man ein glühendes Kohlenstück
mit der Absicht anfassen, es auf jemand anderen zu werfen;
du bist derjenige, der sich verbrennt.«
Siddharta Gautama

Zwei Hunde, zwei Einstellungen

Ein junger Novize lauschte aufmerksam Taos Worten, als dieser ihm eine Geschichte erzählte. Diese sollte ihm erkennen helfen, wie er sein Umfeld beeinflussen könnte oder wie sein Umfeld ihn beeinflussen kann.

Die Geschichte handelte von zwei Hunden, die im gleichen Dorf lebten. In diesem Dorf stand ein Tempel, dessen Wände von Spiegeln bedeckt waren. Eines Tages beschloss einer der beiden Hunde, ein lustiger Geselle, den Tempel zu besuchen. Als er ankam, rannte er fröhlich die Treppe hinauf und in den Tempel hinein. Er schaute sich um, und seine Rute begann schnell zu wedeln. Es sah gerade so aus, als würden viele andere Hunde ringsum im Raum ebenfalls mit ihren Ruten wedeln. Vor Aufregung begann er auf und ab zu hüpfen. Zu seiner Überraschung begannen auch all die anderen Hunde im Raum damit, vor Freude auf und ab zu hüpfen.

Als er den Tempel verließ, dachte er bei sich: »Das ist ein toller Ort. Ich werde so oft wie möglich wieder auf einen Besuch vorbeikommen.«

Der andere Hund im Dorf war viel ernster. Auch er beschloss, den Tempel zu besuchen. Als er eintrat, hielt er seinen Kopf gesenkt. Er traf auf ein Rudel Hunde mit gesenkten Köpfen. Also begann er zu knurren und sie anzubellen. Natürlich bellten und knurrten alle zurück. Mit diesem Eindruck verließ er zornig den Tempel und beschloss, nie wieder einen solch schrecklichen Ort zu besuchen.

Verstehe die Effekte deiner Handlungen, denn wir bekommen zurück, was wir ausgeben. Möchtest du mehr Beständigkeit in deinem Golfspiel, dann musst du mehr Beständigkeit in allen anderen deinen Handlungen entwickeln. Sei dir dessen bewusst und achte darauf, was du sagst und tust. Das, was passiert, wenn du Golf spielst, ist kein Zufall, es ist eine Reflexion deiner selbst.

48

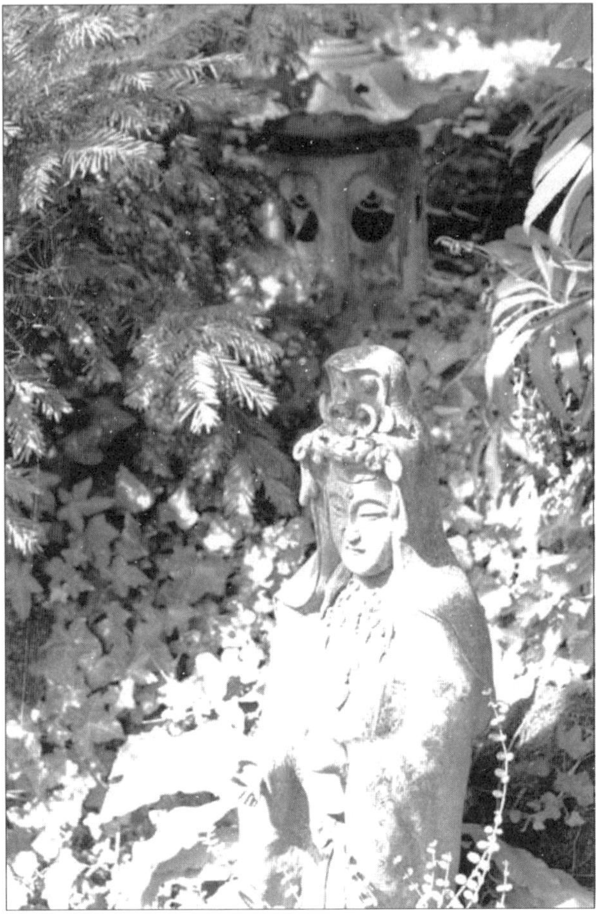

»Wenn du verstehst, sind die Dinge so, wie sie sind;
wenn du nicht verstehst, sind die Dinge so, wie sie sind.«
ZEN-Sprichwort

Die Trophäe

Tao hatte einen Studenten, der immer unzufrieden war. Obwohl er ein sehr niedriges Handicap hatte, fand er, dass dies nicht genüge. Auch nach dem Gewinn verschiedener Turniere war er über den Erfolg nie wirklich glücklich, gab es doch größere Turniere und bessere Trophäen zu gewinnen.

Um ihm zu helfen zu verstehen, dass seine Einstellung weder auf dem Golfplatz noch für sein Leben vorteilhaft war, entschied sich Tao, dem jungen Mann noch eine ganz andere Trophäe zu überreichen. Sie war nicht besonders groß, aus Stein gemacht und sollte den Studenten an seine bisherigen Erfolge erinnern. Der junge Golfspieler akzeptierte sie höflich, bedankte sich bei seinem Meister, war aber nicht zufrieden. Was solle er denn mit einer hässlichen Trophäe aus Stein, dachte er enttäuscht. Er überlegte, was er tun könnte, und beschloss, sie mit Gold überziehen zu lassen. Stolz nahm er das fertige Stück mit zu seinem nächsten Training, um Tao zu zeigen, wie er dessen Geschenk veredelt hatte.

Dieser betrachtete das Kunstwerk, holte weit aus und schwang seinen Schläger mit aller Wucht dagegen. Es brach nicht nur der Goldüberzug weg, sondern auch der Stein darunter. Der Schüler zuckte zusammen, konnte nicht glauben, was Tao gemacht hatte – und zu seiner Überraschung sah er nun, dass die Trophäe unter dem Stein aus purem Gold bestand.

Der junge Mann begriff und lauschte beschämt Taos Worten: »Schau, jetzt hast du so viel von deiner wertvollen Zeit und Geld in einem Versuch vergeudet, etwas vollkommener zu machen, was bereits vollkommen war.«

Alles ist richtig, so wie es ist, weil es so ist, wie es ist. Wenn wir ständig versuchen, Dinge so vollkommen wie möglich zu machen, versäumen wir die Gelegenheit zu sehen, wie gut etwas wirklich ist. Es ist klug, unser Golfspiel zu genießen, ohne zu versuchen, ständig besser und besser und besser zu werden.

49

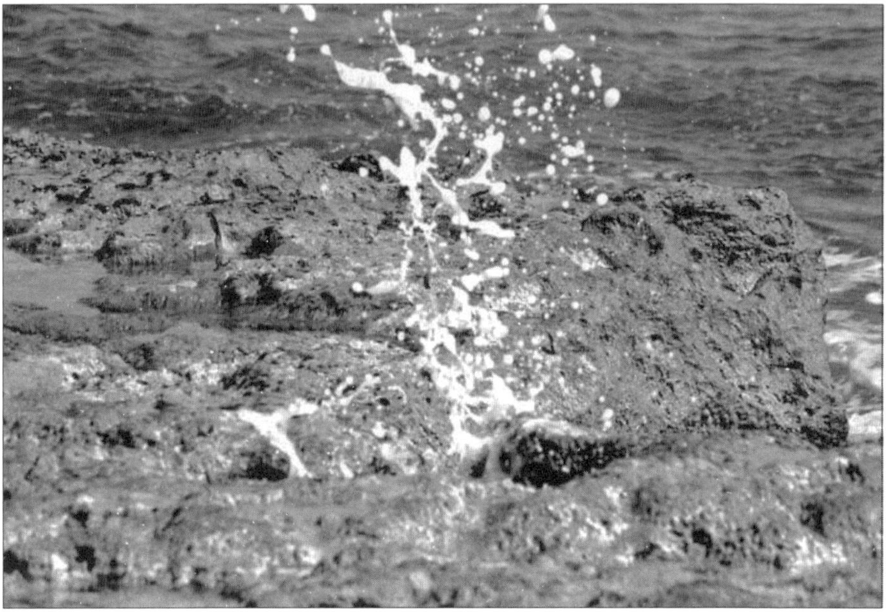

»Meditation beschäftigt sich nicht mit einer Tätigkeit, sondern mit unserer Achtsamkeit, wie wir etwas tun. Meditation bedeutet, Bewusstsein und Achtsamkeit unseren Handlungen hinzuzufügen.«
Gautam Buddha

Meditation – eine einfache Aufmerksamkeitsübung

Während Tao eine ZEN-Abschlagsübung absolvierte, kam ein wissbegieriger Student und fragte, was er da tue. »Ich übe Meditation, während ich Golf spiele«, antwortete dieser. »Darf ich fragen, wie Sie das tun?«

Tao erklärte ihm, dass er drei Eimer hätte, wovon einer an seiner linken Seite, einer an seiner rechten Seite und einer, voll mit Bällen, in der Mitte vor ihm stehen würde. »Jedes Mal, wenn ich abschlage und nach der kompletten Vollendung des Schlags werfe ich einen Ball aus dem mittleren Eimer entweder in den linken Eimer, nämlich dann, wenn ich erkenne, dass ich einen positiven Gedanken nach dem Schlag hatte, oder ich werfe einen Ball in den rechten Eimer, und zwar dann, wenn meine Gedanken negativ waren. Am Ende der Übung kann ich so gut sehen, wie meine mentale Performance war.«

»Ja, Meister«, antwortete der Student, »ich sehe, was Sie da tun. Aber ich verstehe nicht ganz, welchen Sinn diese Übung haben soll.«
»Meine Absicht ist, positive Gedanken zu kultivieren – und nachdem ich diese Übung angefangen habe, war der Eimer rechts mit Bällen voll. Dann, nach dem einfachen Fortsetzen der Übung und ohne mich nach jedem Schlag selbst zu beurteilen, habe ich bemerkt, dass die Zahl von Bällen in den Eimern fast gleich war, und eine kurze Zeit später gab es sogar nur noch Bälle im linken Eimer.«

Wenn wir uns einfach dessen bewusst sind, was wir tun, ohne zu analysieren, lernen und verbessern wir uns genauso automatisch, wie das Gras wächst oder die Blätter im Herbst von den Bäumen fallen.

50

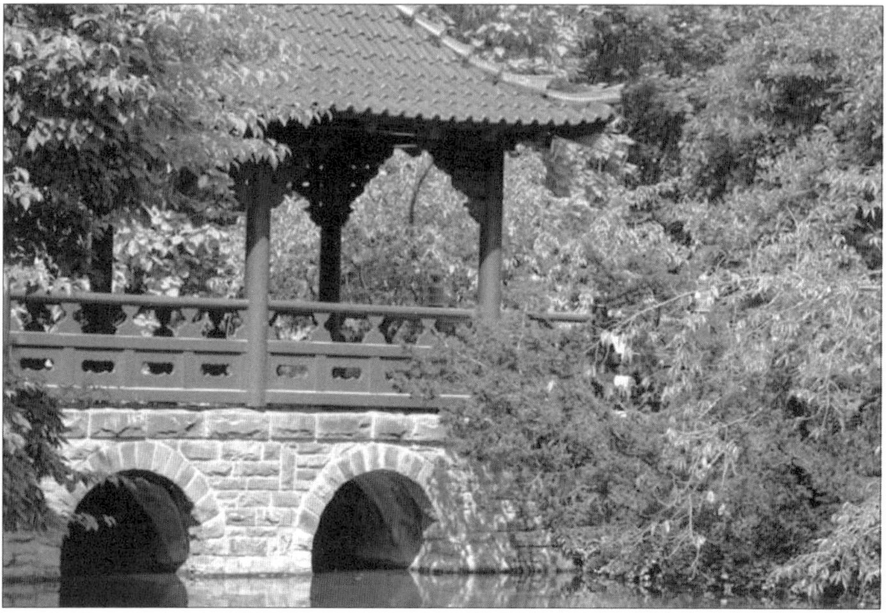

»Ein wahrer Meister kann dich höchstens inspirieren, du selbst zu sein ...
aber leben solltest du nach deinen eigenen Vorstellungen.«
Swami Rajneesh

Ein sehr weiser Lehrer

Tao hatte einen sehr klugen Lehrer, der nie böse wurde und immer ausgeglichen war. Als dieser im Sterben lag, bat Tao ihn um ein paar letzte weise Worte des Rates, die ihm in schwierigen Situationen helfen könnten. Der Meister antwortete: »Wenn du merkst, dass du ärgerlich wirst, halte inne und schlafe erst einmal eine Nacht über die Sache, bevor du dich weiter äußerst.«

Tao war über den Rat zwar überrascht, aber bedankte sich respektvoll bei seinem Meister. Kurz nachdem dieser starb, geriet Tao tatsächlich in eine konfliktreiche Situation, in der ihn ein anderer Mann beleidigte. Die Worte seines Meisters noch im Ohr, beherrschte sich Tao und hielt sich mit einer Reaktion zurück. Er ging ziemlich wütend nach Hause, beruhigte sich aber langsam, und am nächsten Tag, nach einer guten Nachtruhe und seiner Morgenmeditation, sah er die Situation von einer anderen Perspektive. Anstatt sein Ego zu verteidigen, akzeptierte er einfach, was der andere Mann gesagt hatte, und fühlte, dass er einen weiteren Schritt in seiner Entwicklung gegangen war.

Reagieren bedeutet, dass wir für unser (Re-)Agieren verantwortlich sind. Aber das Reagieren entsteht oft aus einer Gewohnheit heraus und es differenziert nicht zwischen gut und vorteilhaft oder ungünstig für unsere Entwicklung und unser Wohlbefinden. Also passe auf, wenn du fühlst, dass dieser Gewohnheitsimpuls in dir entsteht. Anstatt des blinden Vorangehens, halte inne, trete gedanklich einen Schritt zurück und denke zuerst über deine Reaktion nach.

Platz für eigene Notizen

Golfbegriffe

Birdie: Wird ein Loch »eins unter Par« beendet, so spricht man von einem Birdie. Bei einem Par 4 spielt man einen Birdie, wenn man mit drei Schlägen das Loch beendet.

Bogey: Bedeutet, dass man einen Schlag mehr als das vorgegebene Par des jeweiligen Loches benötigt.

Bunker: Hindernisse auf dem Platz, gefüllt mit Sand, oft neben den Greens gelegen.

Caddy: Der Caddy trägt unter anderem die Golftasche, hilft auch bei der richtigen Wahl der Schläger und gibt dem Spieler, der Spielerin Tipps bezüglich der besten Spielstrategie.

Driving: Schlagen des Balles auf große Entfernungen.

Driving Range: Übungsbereich am Golfplatz für das Schlagtraining.

Eagle: Bedeutet, ein Loch mit »zwei unter Par« zu beenden, also zwei Schläge weniger zu benötigen, als vorgegeben.

Fairway: Spielbahn zwischen Abschlagpunkt und Green.

Green: Der Bereich um das Loch. Der Rasen ist dort besonders kurz gemäht und wird von dem höher gewachsenen Bereich drum herum (Vorgrün) begrenzt.

Handicap: Zeigt die Spielstärke eines jeden Spielers an und entspricht der Schlagzahl, die ein Spieler mehr benötigt, als auf einem Platz als Par vorgegeben ist.

Par: Ist die Schlagvorgabe jeder Spielbahn und auch der gesamten Platzrunde, die in der Regel aus 18 Löchern besteht.

Putten: Schlag auf dem Grün, der mit einem Putter (spezieller Schläger) durchgeführt wird und bei dem der Ball rollt.

Putting Green: Der mit mehreren Löchern versehene Übungsbereich, auf dem das Putten geübt wird.

Über den Autor

Chris Hamilton lebt mit seiner Frau und seinen Hunden in Köln. Er wurde als Sohn eines Jamaikaners und einer Engländerin in Großbritannien geboren. In jungen Jahren führte ihn ein Stipendium in die USA, wo er neben seinem Sport- und Psychologiestudium Profi-Tennis spielte. In dieser Zeit begegnete er Arthur Ashe, dem Gewinner der US- und Australian-Open sowie Wimbledon, der ihn als Mentor in seinem Werdegang wesentlich inspirieren und unterstützen sollte.

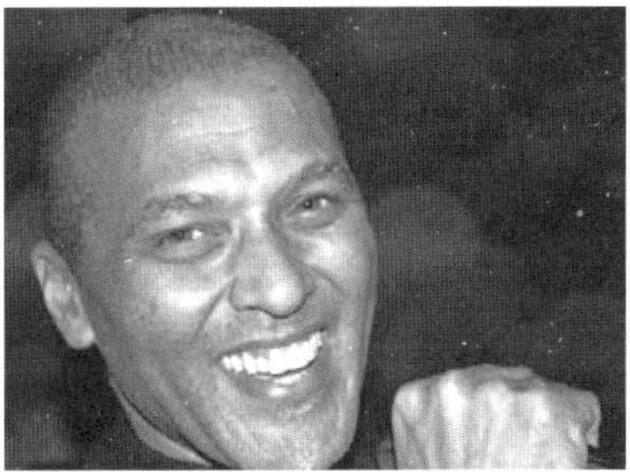

Er erkannte, wie wichtig das »innere Spiel« im Sport ist, und richtete seinen Fokus auf die mentale Arbeit. Er entwickelte dafür Konzepte, die er bei seiner neuen Aufgabe als Cheftrainer in der Nick Bollitieri Tennis Akademie in Marbella einbringen konnte. Seine authentische und nachhaltige Art des Coachings, gepaart mit seiner positiven Lebenseinstellung, fand immer mehr Aufmerksamkeit.

Er gründete seine Beratungsfirma »Inner Performance Consulting« und betreut heute erfolgreich Klienten aus Sport und Wirtschaft im In- und Ausland. Er arbeitet als Coach für die Führungsetagen großer Firmen. Seine Themen hier sind vorwiegend »Teamdynamik«, »Leadership Assessment and Solutions« sowie »EF (Emotional Freedom) für Peak Performance«.

Außerdem bietet er regelmäßig »Golf im Zeichen des Zen«-Workshops an für alle, die Tao gerne mal live erleben wollen.

Kontaktdaten:
www.innerperformance.com
golf@innerperformance.com